体验经济视角下

体育旅游市场开发与科学管理研究

刘林星◎著

吉林出版集团股份有限公司
全国百佳图书出版单位

图书在版编目（CIP）数据

体验经济视角下体育旅游市场开发与科学管理研究 /
刘林星著 . -- 长春 : 吉林出版集团股份有限公司 , 2023.10
ISBN 978-7-5731-3868-2

Ⅰ . ①体… Ⅱ . ①刘… Ⅲ . ①体育—旅游市场—市场
开发—研究—中国 Ⅳ . ① F592.68

中国国家版本馆 CIP 数据核字（2023）第 133976 号

体验经济视角下体育旅游市场开发与科学管理研究
TIYAN JINGJI SHIJIAO XIA TIYU LÜYOU SHICHANG KAIFA YU KEXUE GUANLI YANJIU

著　　　者：	刘林星
责任编辑：	李　强
装帧设计：	马静静
出　　　版：	吉林出版集团股份有限公司
发　　　行：	吉林出版集团青少年书刊发行有限公司
地　　　址：	吉林省长春市福祉大路 5788 号
邮政编码：	130118
电　　　话：	0431-81629808
印　　　刷：	北京亚吉飞数码科技有限公司
版　　　次：	2024 年 4 月第 1 版
印　　　次：	2024 年 4 月第 1 次印刷
开　　　本：	710mm×1000mm　1/16
印　　　张：	13.25
字　　　数：	217 千字
书　　　号：	ISBN 978-7-5731-3868-2
定　　　价：	86.00 元

如发现印装质量问题，影响阅读，请与印刷厂联系调换。电话：010-82540188

前言

随着经济社会的不断发展,人们的消费观念和行为发生了相应的变化,这种变化在体验经济时代更为明显。体验经济是一种全新的经济形态,在这种经济形态下,经济运营的角度发生了翻天覆地的变化,顾客可以自行决定需求要素,并能够时时监控自己所需产品的生产过程。不仅如此,还形成了一种全新的企业运营模式,全面提升了顾客的价值。随着体验经济的快速发展和全面渗透,社会各行各业采取体验式营销模式的企业越来越多,它们在市场竞争中推出新的运行模块,给消费者带来了全新的体验与享受。体育行业和旅游行业也有不少企业在体验经济思想的指导下,开启了新的体验式营销之路。

体育旅游是体育行业和旅游行业的重要组成部分,是这两个行业未来发展的焦点。随着体验经济时代的来临,游客的旅游需求越来越丰富,层次也越来越高,而一些新的体验需求在传统浅层次的观光游中已无法得到满足。当前,旅游者的个性化体验需求,如情感体验、互动体验等需求逐渐强烈,他们希望在具有多元体验属性的体育旅游中满足自己的多层次、个性化需求,这就迫切要求体育旅游企业转变经营观念,将游客的体验需求放在中心位置,努力为游客开发出能够满足他们个性化体验需求的体育旅游项目、产品与服务。因此,深入挖掘体育旅游的体验内涵和价值,在体验经济理论指导下开发体育旅游市场,加强体育旅游的全方位管理,已成为新时期体育旅游发展的重要方向与转折点。基于此,作者在查阅大量相关著作文献的基础上,精心撰写了本书。

本书共九章,第一章是绪论,综述本书研究状况,包括研究背景、研究意义、研究现状以及研究内容与方法。第二章阐释与分析体验经济的内涵与发展，让读者了解本书研究的时代背景，深入理解体验经济的内涵，并为促进体验经济的发展提出可行的建议。第三章主要解析体验经济与体育旅游的关系，了解体验经济对体育旅游的重要作用，为二者的融合发展提供思路。第四章探讨体验经济视角下体育旅游市场的有效开发，首先分析我国体育旅游市场开发的现状与困境，探讨体验经济视角下体育旅游开发的可行性。然后重点基于体验经济视角提出体育旅游资源、产品及项目的开发策略以及区域特色体育旅游开发的建议。第五章是体验经济视角下典型体育旅游市场开发与发展研究，具体包括体育赛事旅游、山地户外体育旅游、滨海体育旅游、冰雪体育旅游、少数民族体育旅游以及高端体育旅游市场等具有代表性的体育旅游市场的开发与发展。第六章至第九章重点围绕体验经济视角下体育旅游的全方位管理展开研究，具体涉及体育旅游规划管理、体育旅游市场营销管理、体育旅游人力资源管理以及体育旅游危机管理。通过构建全面系统的体育旅游管理体系，结合数字化时代背景提出科学可行的管理方法与建议，以促进我国体育旅游管理效率的提升和效果的改善，进而推动我国体育旅游在体验经济时代下的健康持续发展。

整体而言，本书结构清晰，层次分明，逻辑严谨，内容丰富，理论分析与典型实证研究结合，具有突出的学术性、理论性、实用性及创新性。本书以体验经济为研究背景，以市场营销、体验经济等理论为指导，探讨了在体验经济运行中如何把握旅游消费者的心理需求，结合体验经济理论去深入开发体育旅游市场，以满足消费者的个性化体验需求。体育旅游的发展需要不断开拓市场，同时也要进行有效管理，如此才能使体育旅游业的市场运作更加顺利。鉴于此，本书将体育旅游管理与体育旅游市场开发结合起来进行综合研究，为体育旅游企业在全新的经济环境中开展市场管理工作提供思路与建议。希望本书能够为完善我国体验经济理论体系、推动我国体育旅游的持续与创新发展作出贡献。

本书在撰写过程中参考并借鉴了许多专家、学者的研究成果，在此表示诚挚的感谢。由于作者水平有限，书中难免有不妥与疏漏之处，敬请广大读者批评指正。

刘林星
2023 年 3 月

目　录

第一章 | 绪 论

　　体育旅游是体育产业的重要组成部分之一,也是旅游业的一部分。近年来,体育旅游的热度不断提升,大力发展体育旅游,对促进体育产业结构优化升级、推动全民健身事业发展以及提高经济发展水平具有重要意义。随着体验经济的到来,广大群众的消费有了新的变化,消费观念与消费层次不断提升,而且消费者花钱买"体验"的欲望越来越强烈,注重在消费中获得深刻的体验。体育旅游作为体验产品与服务的提供方,在满足消费者的体验需求方面具有得天独厚的优势。体验经济时代的到来为体育旅游的发展提供了良好的机遇,我们要抓住这一机遇,大力开发体育旅游市场,加强体育旅游管理,促进体育旅游在体验经济时代可持续发展。

第一节　研究背景

一、体验经济的时代已经来临

体验经济是继农业经济、工业经济和服务经济之后的一种新兴经济形态，体验经济时代的到来是现代社会发展的必然规律，我国已经进入了体验经济时代。体验经济的特点是以顾客为中心，对人们的消费心理、消费行为极为关注，而且在体验经济背景下，消费者的消费境界已经达到了精神层面，达到一种更高层次的消费境界。体验经济发展实践表明，随着人民群众收入的增加和经济实力的提高，他们的消费能力不断提升，在购买商品和服务时既想满足自己的物质需要，也想满足自己的心理与精神需求，越来越注重商品与服务的体验价值。

当前，我国消费呈现出新的趋势，全面体验的消费就是其中一个非常显著的趋势。在发达国家，服务经济发展水平极高，而且发达国家无论是农业、工业还是服务业，各个行业都在向体验经济过渡。而且各行业在生产产品和提供服务时，也从注重特色与质量转变为允许消费者介入和参与，满足消费者的个性化体验需求，给消费者带来独特的体验，使消费者对每一次消费都很难忘，留下美好的回忆。例如，迪士尼乐园带给观众的体验是欢乐、愉悦、刺激的，苹果手机功能强大、速度快、触控简洁、操作界面华丽、做工细致，这些都是卖点，都能满足消费者的个性化体验需求。可见，社会经济发展到今天，体验经济将渗透到各个行业和领域，这也是我国经济发展的一个趋势。

在体验经济背景下，人们产生了层次更高的"体验"需求。体验经济时代下开发的体育旅游产品与项目应该具有"体验性"特征，而且这是体育旅游产品与其他产品相区别的最本质的特征。因此，在体验经济理念的指导下开发体育旅游市场具有非常重要的现实意义。

二、体验经济与体育旅游关系密切

体验是人们在物质需求满足后产生的一些内在需求,这些需求在我们平时的生产生活中比较不容易得到充分满足。但是,我们可以通过参加体育旅游来满足这些内在需求,获得良好的体验。比如,感官体验可以在参与性体育旅游项目中获得,思维体验可以在智力类体育旅游项目中获得,关系体验可以在团体类体育旅游项目中获得,等等。

从本质上来看,突出"体验性"是体育旅游产品区别于一般产品的最显著的特征。在体育旅游中,首先满足的是行动体验需求,在此基础上产生情感体验,从而激发了旅游者重复参与此旅游活动的兴趣。体育旅游经营者设计行动体验项目时,尽可能使旅游者在行动中能够对刺激、胜利等产生深刻的体验,甚至可以夹杂一些复杂的情感体验元素,使旅游者对此产生深刻的记忆。旅游者多次重复参与一些体验感很强的体育旅游项目后,其情感会更加丰富,生活也会变得丰富多彩。这样一来,体育旅游者在旅游过程中所体验到的美好感觉就像消费者在体验经济中获得的美好体验一样,这些感觉与体验都是独特的、个性化的、难得的和不可复制的。

体育旅游能否吸引回头客,即能否提高旅游者的消费忠诚度,主要与体育旅游产品和服务对消费者产生的影响(主要是积极影响)有关。除此之外,消费者能否在旅游过程中获得独特又美好的感觉也是影响其消费忠诚度的主要因素之一。体育旅游伴随着消费,消费者沉醉于旅游消费中,在这个过程中通过"自娱"与"他娱"来获得身心上的满足,对美好的生活与人生的价值产生深刻的体验与感受。

从体育旅游自身的特点来看,旅游消费不是实际意义上的经济产出行为,无法量化,而且旅游消费的对象也并不都是有形产品,不都是可以触摸到的,但它对消费者产生的影响与作用却是不可估量的,这种作用不仅体现在机体上,也体现在精神上,是内外结合的影响与作用。

三、我国体育旅游发展的客观要求

我国政府和地方有关部门都高度重视体育旅游的发展,我国有关体育旅游产业的国家层面的文件、相关报告陆续出现,以扶持体育旅游的发展。国家出台相关政策后,部分省(市)也制定了新规划与新政策,以此来推动本地体育旅游产业的进一步成长。而且,我国有很多省市都将体育旅游产业作为本地的重点产业来优先发展,甚至一些地区将体育旅游视为本地的支柱产业,给予了高度的重视。

自体育旅游在我国兴起以来,国家和各级地方政府就对此十分重视,而且积极予以扶持。近些年,我国体育旅游产业取得了良好的发展成果,产业领域和发展规模都在原有的基础上得到了大幅的拓展和扩大,体育产业的经济收益和社会效益也有了大大的提高。我国体育旅游产值在全国旅游总收入中所占的比例与体育发达国家相比还有一定的差距,说明我国体育旅游产业的发展空间还很大。

我国体育旅游产业正处于蓬勃发展阶段,然而,从整个国民经济层面来看,我国体育旅游企业并没有创造出很高的利润率。我国体育旅游产业与其他行业相比,市场占有率较低,市场竞争力也比较弱。有关学者指出,受人们收入水平和消费结构的影响,体育旅游消费在我国旅游市场中还未成为主流消费,短时期内也难以成为消费热点。还有一些学者认为,现阶段我国人民大众对体育旅游还未形成高水平的认知,人们的体育旅游消费意识相对于发达国家还比较薄弱。

通过调查国家 4A 级旅游景区(点)内设立体育旅游项目的情况可以了解到,第一批 231 个国家 4A 级旅游景区内,设立体育运动项目的还不到一半,而且这些景区大都集中在经济发展水平较高的地区,如北京、上海、江苏等。可见,我国在发展旅游业的过程中,体育与旅游的结合度还比较低。

目前,虽然我国有很多省市将体育旅游视为本地的重点产业予以扶持,并制定了一系列的政策来优先发展体育旅游,但在发展中仍存在一些问题,如没有全面了解本地发展体育旅游产业所具备的优势与不足,没有科学且系统地预测与分析本地体育旅游产业的发展前景,将体育旅游产业作为本地的"支柱产业"和"重点产业"没有一定的科学依据,这些问题会造成区域产业结构的失衡,也会浪费体育旅游资源。我国体育旅游发展的现状客观上要求必须在体验经济理论指导下进一步加强体育与旅游的结合,大力发展体验式体育旅游。

第二节　研究意义

一、理论意义

近年来,国内外学术界掀起了研究体验经济理论的热潮,体验经济理论研究的范围不断扩大,并将体验经济理论运用到旅游业的研究中,主要对旅游者的体验动机、体验方式、体验满意度以及体验型旅游产品的开发等进行研究,形成了热烈的研究氛围。但纵观相关理论研究成果,将体验经济概念运用到体育旅游理论研究中的成果相对较少,导致体育旅游在体验经济时代下的发展缺乏科学的理论支持。

本书特在体验经济时代背景下对体育旅游进行研究,具体基于体验经济时代背景,以体育旅游为切入点,对体育旅游市场的开发和体育旅游管理展开研究,以促进体验经济研究范围的进一步扩大,并使体育旅游研究紧跟时代热点,促进新时期体育旅游理论研究体系的完善,同时为体育旅游在体验经济时代的可持续发展提供科学的理论指导。

二、实用意义

体验经济时代,我国为促进体育旅游的发展,出台了相关政策与方针,为体育旅游在新经济形态下的发展指明方向并开辟路径。国家对休闲度假旅游、体育旅游的拓展给予了特别的引导和支持,为体育旅游的发展创造了良好的政策环境与社会环境,对体育旅游业来说这是难得的机遇。

现阶段,体育旅游在我国很多城市都已经得到了不同程度的开发,但是从开发现状来看,普遍存在开发层次低、开发不够深入、开发范围不够广、开发项目单一以及很多特色资源没有得到充分利用等问题,而且依然以自然旅游为主,缺少有特色的体育旅游产品和服务。对此,本书以体验经济为背景,特对体育旅游市场开发、体育旅游的全面管理展开研究,提出科学有效的开发策略和管理建议,从而在实用层面上促进体育旅游市场的扩大和管理水平的提升。

第三节　研究综述

一、国外研究综述

国外学者很早就关注了体验经济理论,并对此展开了比较全面与细致的研究,主要从人类学、经济学、社会学、心理学、管理学等学科着手对该理论进行研究。旅游研究中开始被广泛应用体验经济相关理论是从 20 世纪 90 年代末开始的。在具体研究中,以消费者的体验、体验式旅游项目设计与产品开发为主要内容。

下面具体从两个方面来简要说明国外旅游体验的相关研究。

(一)消费者体验

B. 约瑟夫·派恩和詹姆斯·H.吉尔摩首先提出体验经济的概念,他们的共同研究成果——《体验经济》一书提出,在旅游过程中,消费者愿意付出资金、时间来获得独特美好的产品与服务体验。[①]

Ryna 构建了消费者旅游期望与体验关系满足模型,发现消费者的旅游体验满意度是四个相关因素相互作用的结果,具体包括现在因素、干涉变量因素、行为因素和结果因素。[②]

Manning 认为,旅游消费者的体验满意度主要受到三个方面因素的影响,一是旅游环境的特征因素,二是旅游者自身社会特征因素,三是管理行动类型和层次因素。[③]

[①] [美]B.约瑟夫·派恩二世,[美]詹姆斯 H.吉尔摩.体验经济[M].夏业良,鲁炜,译.北京:机械工业出版社,2008.
[②] CHUBB M&CHUBB H R. *One theirs of our time? An introduction to recreation behavior and resources*[M]. New York: John Wiley &Sons, Inc.1981.
[③] Manning. *Studies in Outdoor Recreation: Search and research for Satisfaction*[M].Corvallis: Orgon State University Press, 1999.

（二）体验式旅游产品开发

Drive brown 指出,在旅游项目开发与设计中,核心环节应该是从消费者的个人需求出发进行个性化旅游体验的策划。[①]

Pine II 与 Gilmore 提出,塑造体验有五种方法可供选择,第一是将体验主题化,第二是将消极印象淘汰,第三是对消费者的感官刺激予以重视,第四是设计与提供旅游纪念品,第五是将主题印象以正面线索加以强化。[②]

Alison Beeho 与 Richard C.Prentice 将体验经济理论应用到英格兰博物馆旅游产品开发的研究中,并在研究过程中将体验经济理论和市场分析方法(主要是栅格分析法,ASEB)相结合。[③]

Stamboulis Yeoryios 与 Skaynnnis Pantoleon 指出,体验式旅游有自己的独特性,主要表现为它有组织有程序,是事先策划的旅游方式,旅游者参与其中需要付出时间与精力,目的是获得舒畅的体验感。鉴于体验式旅游的这些特征,在体验式旅游产品与项目的开发设计中要统筹考虑消费者的参与性、项目的挑战性以及创新性。[④]

二、国内研究综述

我国步入体验经济时代的时间是 20 世纪 90 年代末期,从这一时期开始,体验经济理论就得到我国一些经济研究学者的关注,学者在关于体验经济理论的研究中,主要集中在体验经济的本质、体验经济的营销管理方式、消费者体验的影响因素以及体验式旅游开发等几个方面。

下面主要从旅游体验基本理论、体验式旅游产品开发两个方面说明我国关于旅游体验的研究状况。

① BOTTERILL T D, CROMPTON J L.*Two case studies exploring the nature of the tourist's experience*[J].Journal of Leisure Research, 1996, 28: 1-8.
② 张红玉.旅游产品开发新视角——塑造真实性体验 [D].北京第二外国语学院,2008.
③ 李畅.历史文化资源的体验式环境营造研究 [D].中南大学,2013.
④ Stamboulis Yeoryios, Skayannis Pantoleon.*Innovation strategies and technology for experience-based tourism*[J].Tourism Management,2002,24(1): 35-43.

（一）旅游体验理论

我国学者将体验经济理论运用到旅游的相关研究中时，最初研究的领域是旅游体验的本质。

谢彦君指出，鉴于旅游世界的中心是旅游体验，因此在体验经济时代中，旅游体验应成为旅游研究的核心内容。《旅游体验研究——一种现象学的视角》是谢彦君的代表性著作。书中界定了旅游体验的概念，定义了旅游体验的范畴，阐释了旅游体验的意义、内容和实现方式，促进了旅游体验理论体系的丰富，也为我国在体验经济时代性发展旅游事业提供了科学的理论指导和参考。[①]

龙江智在关于旅游学科体系构建的研究中，主要从五个不同层级的体验着手。[②] 如图1-1所示。

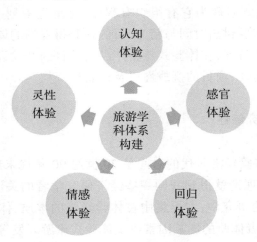

图1-1 旅游学科体系构建的体验层级

邹统钎仔细阐释了旅游体验的本质和类型，建立了塑造旅游体验的基本原则，并以此为基础提出旅游归根结底就是一种体验行为，即旅游的本质是体验。[③]

① 谢彦君，彭丹.旅游、旅游体验和符号——对相关研究的一个评述[J].旅游科学，2005，16（6）：1-6.
② 龙江智.旅游体验的层级模式：基于意识谱理论的分析[J].北京第二外国语学院学报.2009，（11）：9-19.
③ 邹统钎.旅游体验的本质、类型与塑造原则[J].旅游科学，2003（4）：7-10.

（二）体验式旅游产品开发

在旅游体验的研究中,学者将体验经济理论应用于其中,并在旅游体验的塑造中也同样以体验经济理论为指导,尤其是运用该理论来开发设计旅游项目和产品。

魏小安提出,为了加深旅游者的感官体验,可以采取一些手段来调动与刺激他们的感官,如视听觉、嗅触觉以及身体活动等。[①]

吴文志指出,开发与设计体验型旅游产品,可以按以下四个步骤来有序进行:

第一步:提炼主题,设计体验线索。

第二步:设计体验场景,营造体验氛围。

第三步:策划体验活动,设计体验过程。

第四步:塑造与设计体验意向。[②]

李经龙认为,在旅游体验系统的建设中,可从两个大的维度展开,一是横向维度,也就是增加体验内容的类型;二是纵向维度,即对不同的体验层次进行划分。[③]

郑耀星在开发体验型旅游目的地的初步研究中,提出了应该遵守什么原则和按照什么步骤来开发体验型景区。[④]

毕斗斗在体育旅游研究中将体验经济理论应用其中,提出了设计体验式体育旅游产品的方法。[⑤]

李晓琴基于体验经济时代背景,构建了体验型旅游项目开发与设计的评价指标体系。[⑥]

① 魏小安,魏诗华.旅游情景规划与体验项目设计[J].旅游学刊,2004（4）:38-44.

② 吴文智,庄志民.体验经济时代下旅游产品的设计与创新——以古村落旅游产品体验化开发为例[J].旅游学刊,2003（06）:66-70.

③ 李经龙,张小林.旅游体验——旅游规划的新视角[J].地理与地理科学 2005（6）:91-95.

④ 郑耀星,周富广.体验导向型景区开发模式:一种新的旅游开发思路[J].人文地理,2007,98（06）:16-20+89.

⑤ 毕斗斗,谭华.体验经济背景下的体育旅游产品体验化设计[J].体育学刊,2009,16（7）:46-49.

⑥ 李晓琴.体验经济时代下旅游项目设计与实证研究[J].人文地理,2007（03）:69-72.

余万斌在进行我国绿色体育旅游产品开发的研究中,将体验经济理论和市场分析方法相结合,提出了我国在这类开发中所拥有的优势条件。[①]

近年来,我国学者也逐渐将体验经济理论运用于体育旅游的研究中,用该理论指导体育旅游市场、项目及产品的开发,从而不断强化体育旅游的体验属性,满足消费者的体验需求。

第四节　研究内容与方法

一、研究内容

本书主要在体验经济时代背景下对我国体育旅游市场的开发与管理进行研究,具体对以下内容展开系统且详细的研究。

第一,对体验经济的时代背景进行阐释与解析,包括概述体验经济时代的到来;分析体验经济的内涵、特征与功效;辨析体验经济与其他经济形态的区别;调查分析我国体验经济的发展现状,并提出发展策略;最后对体验经济时代的旅游体验作简要说明。

第二,对体验经济与体育旅游的关系展开剖析,首先简要阐述体育旅游的基础理论,说明其体验属性,其次分析体验经济在体育旅游中的作用和其对体育旅游产业的影响,最后提出体验经济与体育旅游相结合的思考。

第三,基于体验经济视角探讨体育旅游市场的有效开发,首先调查分析我国体育旅游市场开发的现状与问题,并针对现实情况提出开发的建议。其次说明在体验经济时代进行体育旅游开发的可行性,即有利条件。再次提出体验经济视角下体育旅游资源、体育旅游产品以及体育旅游项目的有效开发策略或建议;最后针对体验经济视角下区域特色体育旅游的开发探索相应的方法与策略。

第四,在体验经济理念下研究典型体育旅游市场的开发与发展,主

---

① 余万斌.基于分析的体验式低碳体育旅游产品开发研究体验[J].沈阳体育学院学报,2013,32(4):51-57.

要涉及的体育旅游市场包括体育赛事旅游市场、山地户外体育旅游市场、滨海体育旅游市场、冰雪体育旅游市场、少数民族体育旅游市场以及高端体育旅游市场等，为这些热门体育旅游市场的开发与发展提供建议与方向。

第五，以体验经济、体育旅游数字化发展为背景，对体育旅游的系统管理展开研究，包括体育旅游规划管理、体育旅游市场营销管理、体育旅游人力资源管理以及体育旅游危机管理。

二、研究方法

（一）文献综述与理论分析

通过查阅国内外相关书籍、论文资料（期刊、杂志、优秀硕博论文）、研究报告、统计资料，梳理国内外相关研究文献和成果来对体验经济时代我国体育旅游市场开发与管理展开研究，并在研究过程中对相关研究成果进行客观分析与系统综合，以促进理论研究体系的不断完善，对研究动态加以准确的把握，分析与研究的主要结论作为本书立意确定、理论分析、体育旅游市场开发与管理策略研究的基础。

（二）规范分析和实证研究相结合

采用规范分析的方法来为实证研究确定本文立意、方向、领域和范围，利用实证研究来对规范分析的理论假设进行检验。体育旅游市场开发的研究离不开对特定地区、特定产业等具体案例的研究。本书对我国区域体育旅游市场开发、典型体育旅游市场开发进行研究时，采取了规范分析和实证研究相结合的方法，且在区域特色体育旅游市场开发的研究中又重点选择具有区域代表性和典型性的东北地区、西北地区作为对象进行研究，这对研究我国其他地区体育旅游市场开发的路径具有一定的借鉴意义。

（三）系统分析法

系统论的思想是对体育旅游市场开发与管理进行分析的主导思想，本文将体育旅游市场看作一个动态开放的系统，以系统论的视角来对体育旅游市场开发进行研究，又具体从体育旅游资源、体育旅游产品、体育旅游项目以及不同项目体育旅游市场的开发等多方面展开。在体育旅游管理的研究中同样运用了系统分析法，在系统论的指导下分别对体育旅游规划、体育旅游市场营销、体育旅游人力资源以及体育旅游危机等诸多方面的管理进行了详细研究。

第二章 | 体验经济的基本阐释与发展

  随着经济的不断变革与发展,体验经济作为一个新的经济学概念和一种新的经济形态逐渐出现在新经济体系中。它是一种使企业生产运营方式和消费者消费方式同时发生变化的经济形态,它的出现为企业经营发展开辟了新的路径,也使消费者有更多的机会在经济运行中做出多样化选择。在体验经济时代,旅游体验作为一种新的旅游表现形式逐渐产生,并逐渐成为体验经济时代旅游业的发展先锋,受到旅游爱好者的欢迎与喜爱。本章主要对体验经济的内涵、发展及体验经济时代的旅游体验进行阐释与分析,主要内容包括体验经济时代的到来、体验经济的内涵、体育经济的特征与功效、体验经济与其他经济形态的区别、我国体验经济的发展现状与策略以及体验经济时代的旅游体验。

第一节　体验经济时代的到来

从西方市场经济的发展历程来看,市场经济经历了四个不同的发展阶段,第一个阶段是产品经济阶段,第二个阶段是商品经济阶段,第三个阶段是服务经济阶段,第四个阶段就是我们本章所要研究的体验经济阶段。这四个阶段是根据市场经济的发展历程划分的。有一些经济学理论根据不同时期的消费特征来划分市场消费的阶段,如市场营销理论依据此将市场消费划分为四个不同的消费时代,第一个是供不应求时代,第二个是大众消费时代,第三个是小众消费时代,第四个是个人化消费时代。要了解体验经济的由来,就要结合市场经济的不同发展阶段和市场消费的不同时代进行分析。

在第一个消费时代,也就是供不应求时代(也可称为"短缺经济时代"),企业无论生产多少产品,都能卖出去,所以加大生产力度,增加产品生产量,使市场需求得到满足是这一时期企业的重点经营方向。

在第二个消费时代,也就是大众化消费时代(也可称为"商品经济时代"),产品的价格与质量成为企业关注的重点,企业在经营中将提供物美价廉的商品作为自己在市场经济中的优势,但这样做的后果是市场上流通的产品存在严重的同质化问题,同类产品雷同,相互之间可替代,消费者购买哪个都可以,从而引起了激烈的广告战和价格战,一场没有硝烟的战争愈演愈烈。面对无休止的市场价格战,一些企业为了从这毫无营养的竞争中挣脱出来,开始研究如何生产不同于同类产品的、有特色的产品,突出本企业产品的差异性,并使消费者看到这种不同,选择购买差异化的产品。为了彰显产品的特性与差异化,企业开始注重树立品牌,并使消费者在购买品牌产品时获得一种归属感。这样一来,市场消费就进入了小众化消费时代,这个时代对应的市场经济发展阶段是产品经济和服务经济阶段。

在小众化消费时代,无形的服务成为企业的招牌,有形的产品有时甚至只是完成服务的一个附属成分。有些企业的经营路线明显发生转变,将"买服务送产品"作为宣传口号,企业的盈利点从产品变成了服务,对品牌的服务质量高度重视,这个时候考评企业产品与服务的标准也发生了变化,客户的满意度成为一个必不可少的考评标准。

随着企业品牌竞争愈演愈烈,市场上再次出现了同质化竞争的问题,即品牌同质化,不同企业生产的品牌产品雷同,提供的服务也趋同,这种现象催生了体验经济的出现,消费者也逐渐迎来了个性化消费时代。在这个新的消费时代,消费者对消费过程中的个人体验极为注重,这一点被企业发现之后,企业开始采取新的竞争手段,即为消费者提供能够给其带来愉悦消费体验的产品或服务。当消费者开始注重消费的个人体验后,他们在消费过程中的情感和情绪反应成为一个价值链。如果说,在市场经济发展的前两个阶段企业对硬件更为重视,在第三个阶段企业对软件更为重视的话,那么在第四个阶段,也就是体验经济阶段,企业则对自身所提供的硬件和软件的互动结果更为重视。在体验经济阶段,对企业服务的考评则以消费者的愉悦度为主要标准。

了解体验经济的由来后,我们可以发现,在今天体验经济无处不在。体验经济也被视作人类思想层面的突破,从商业视角而言,它能够解释为什么当今社会体验业比服务业更赚钱。在体验经济时代来临之后,不同于以往的价格战、广告战、服务战等"战争",企业转向体验战。

如今,体验经济充斥着各个行业,如旅游业、餐饮业、影视业等,各个行业的消费者能够切身体会到体验无处不在,体验经济发展前景一片光明。

第二节　体验经济的内涵

一、体验经济的含义

要了解体验经济,人们就要先明确什么是体验。体验事实上是一个人达到情绪、体力、智力甚至是精神的某一特定水平时,在意识中所产生的美好感觉。[①]

　　体验者内心的收获具有独特性,商品、服务对于消费者来说是外在的,但是体验是内在的,存在于个人心中,是个人在形体、情绪、知识上共同参与的所得,来自个人的心境与事件的互动。体验的独特性就在于:(体验的)结果是没有哪两个人能够得到完全相同的体验经历,因为任何一种体验其实都是某个人本身心智状态与那些筹划事件之间互动作用的结果。

　　体验经济作为经济形态的新阶段,是服务经济的一种延伸,它出现的背景是一个物质极度丰富、科学技术高度发展的时代。概括而言,体验经济是以体验作为经济提供物(或者叫经济产生基础)的经济形态。[②]简单地说,就是生产商生产"体验",并将其销售给用户的一种经济形态,其特征在于消费是一个过程,消费者是这一过程的"产品",因为当过程结束的时候,记忆将长久保存对过程的"体验"。消费者愿意为这类体验付费,因为它美好、难得、非我莫属、不可复制、不可转让、转瞬即逝,"体验"的每一个瞬间都是一个"唯一"。从更宏观的角度来看,这也是"商品"的买卖关系,只是"商品"的定义范围被进一步扩大,将"体验"也包含在内。体验经济时代就是指这种经济形态成为经济主流的时期。[③]

二、体验经济的性质

　　市场经济的发展经历了产品经济、商品经济、服务经济和体验经济四个阶段。体验经济作为最后一个阶段,它是从前一个阶段也就是服务经济中分离出来的,而服务经济作为第三个阶段,它同样是从前一个阶段也就是商品经济中分离出来的。体验经济可能早已存在,只是因为人们的认知水平有限,市场经济不成熟,所以没有被表述清楚,也没有得到重视。但今天,体验经济受到了高度重视,成为市场经济发展的重要方式和渠道,它甚至可以解决一些市场经济发展的难题。

---

① 　张春彬.体验经济背景下文化创意产品设计的研究与实践[M].沈阳:辽宁大学出版社,2019.
② 　汪秀英.基于体验经济的消费者行为模式研究[M].北京:首都经济贸易大学出版社,2012.
③ 　同上.

在体验经济中,体验是最基础的存在,消费者在个人化消费中,当其对产品或服务感到满意时,就会在身体、智力、情绪、精神等诸多层面产生一种与产品或服务共情的互动效应,产生美好的感觉。产品或服务的策划者要努力为消费者提供能够使他们获得最佳体验的产品或服务,所提供的产品或服务要尽可能使消费者印象深刻,记忆愉悦,并能够给他们带来力量,或引起共鸣。可以说,产品经济时代提供的是可加工的产品,商品经济时代提供的是实体商品,服务经济时代提供的是无形服务,而体验经济时代提供的是令人难忘和愉悦的体验。

总之,作为一种全新的经济形态,体验经济反映了经济社会的发展方向,促进了市场经营与消费的极大变革。在体验经济背景下,企业在市场竞争中成功与否,关键在于其能否快速适应新的经济形态,能否在新经济形态下为消费者提供不一样的"体验"。

第三节　体验经济的特征与功效

一、体验经济的基本特征

体验经济具有以下几方面的基本特征(图 2-1)。

(一)终端性

在现代市场营销理论中,如何将产品或服务顺利送到消费者手中是非常受关注的一个问题,简单来说,这是渠道的问题。在企业生产中存在供应链和价值链,前者是基于产品生产环节的供求关系而形成的,后者是基于商品流通环节的买卖关系形成的。无论是供应链,还是价值链,都不能忽视"客户"这个概念,这里的客户主要指顾客或用户,是作为自然人存在的,也可以直接理解为消费者。

消费者是供应链、价值链的最终指向,也是市场营销中所关注的渠道的指向。在体验经济中,企业之间的竞争逐渐向供应链之间的竞争转换,而对消费者的争夺则是竞争的方向,这是一种最具前沿性的竞争方向。消费者的体验是体验经济时期企业聚焦的点。

图 2-1　体验经济的基本特征

（二）感官性

从狭义层面而言,体验就是感官的感知,这是我们进入体验经济时代后关于体验的最原始和朴素的理解。在体验消费中动员感官去感知,可以使体验的强度不断加深。比如,在旅游中体验滑雪、冲浪、攀岩、蹦极等运动,或在现场观看激烈的比赛,都会调动感官,发挥感官功能,从而获得直观的体验和感受。

（三）参与性

体验经济强调消费者的主动参与,其中最典型的参与方式就是自助式消费。近年来,自助导游、农场采摘、DIY、自助餐等经济现象越来越普遍,这为消费者参与市场经济运行的不同环节（主要是供给）提供了更多的机会和选择,这充分体现了体验经济的参与性,即消费者的参与度提升,参与的机会增加,参与的选择方式越来越多元化。

（四）知识性

在体验经济时期，无论是有形的产品，还是无形的服务，都具有一定的文化内涵，这不仅需要消费者调动感官去看，去听，还要调动心理机能去用心感受和体会，如此才能从产品和服务中获取知识，增长见识，拓宽眼界，提高才能。

现阶段，体验经济的阵地主要集中在医院、学校、银行等诸多领域，这些领域中所反映的体验经济的知识性主要从学习、顾问、咨询等功能中体现出来。

（五）差异性

在产品经济和商品经济时期，市场上的产品具有标准化特征，同质性的有形产品充斥着整个市场，产品的生产过程也没有太大的差异。但在服务经济时期，这种情况已经基本不存在了，为了满足不同消费者的需求，企业注重产品和服务的差异性和个性化，要将差别化的服务提供给最终的消费者。从服务经济中脱离出来的体验经济同样具有这种差异性和个性化特征。体验经济时期，不管是有形的商品，还是无形的服务，都强调因人而异，主张个性化，摒弃传统经济中的标准化生产与经营。

（六）记忆性

记忆性是体验经济的结果性特征，体验经济能够给消费者带来美好的感觉、深刻的印象和美好的回忆。在体验经济中，体验是最基础的存在，当消费者在个人化消费中，对产品或服务感到满意时，就会在身体、智力、情绪、精神等诸多层面产生一种与产品或服务共情的互动效应，产生美好的感觉。产品或服务的策划者要努力为消费者提供能够使他们获得最佳体验的产品或服务，所提供的产品或服务要尽可能使消费者印象深刻，记忆愉悦。

（七）关系性

体验经济的消费既有一次性消费，也有长远的消费，对企业而言，要努力维护客户，使其重复不断地消费，巩固与消费者的关系。企业与消费者建立良好的关系对二者都有好处，这是一种互利共赢的关系。买方与卖方之间建立和谐的关系，对买方而言可以及时获得关于新产品的信息，可以享受商家的折扣与优惠。对卖方而言，可以稳定客户，吸引回头客，扩大消费群体，促进企业发展。

二、体验经济的重要功效

分析体验经济的重要功效，要从企业和顾客两个角度来进行，也就是重点考察与挖掘体验经济对企业和顾客的积极影响。下面具体从这两个方面展开分析。

（一）提升企业品牌价值

企业的品牌价值远在企业实体产品价值和无形服务价值之上，在企业的经营中，其品牌价值是可以收回的。企业的品牌价值会随着企业定位的提升和市场经营理念的更新而不断提升，企业通过品牌价值获取回报，关键是要使顾客满意，获得顾客的认可。

在非体验经济形态下，企业为满足消费者的需求，主要采用的营销手段是建立在市场细分与定位基础上的，企业以规模经济为主要追求，虽然也提升了企业的品牌价值，促进了企业品牌的发展，但它与在体验经济形态下展示与实现企业的品牌价值是不同的。

体验经济视角下的企业品牌价值与一般意义上的企业品牌价值在内涵上是没有差别的，二者的区别主要表现在品牌价值运行的切入点不同，实现品牌价值的路径选择不同，品牌价值的实现程度也有一定的差异。体验经济作为一种全新的经济形态，对企业经营提出了较高的要求，也加剧了市场竞争。但这里的市场竞争不以价格竞争为主，而主要集中在思想、知识、能力、素质等方面的竞争上。在体验经济形态下拥有市场竞争优势，且能够在公平的市场竞争中脱颖而出的企业能够获得更多的肯定与欣赏。

（二）全面体现顾客价值

在微观经济运行的过程中，人们主要通过对比顾客成本和顾客效用来认识顾客价值。顾客所获得的价值随着其购买商品和劳务的效用的提升和支付成本的下降而增加。这里所说的购买效用主要包括使用效用、满意效用、精神效用和记忆效用；支付成本主要是指时间成本、货币成本、体力与精力成本等。顾客获得的价值越高，其对消费结果也就越满意。顾客价值的获取在非体验经济形态下呈现出模式化特征，统一性较强。企业对顾客群体的总体价值考虑得较多，而对单个顾客所获取的个人价值考虑得较少。也就是说，个别顾客的价值获取不在企业的调查与研究范围内。

体验经济视角下，企业不仅考虑顾客群体的总体价值，还考虑单个顾客的个别价值，其面向的是目标市场的每位顾客，力求每位顾客都有很高的满意度，获得很高的价值。为此，企业采用量身定制的个性化经营手段来满足顾客的需求，按不同顾客的要求去提供体验式的产品与服务，最大程度地满足每位顾客的要求。量身定制的营销手段具有差别化、个性化的特征。在体验经济时代，无论哪个行业开启了体验经济之路，都必须走量身定制的经营渠道，为顾客提供个性化的服务。体验经济的运行离不开企业的量身定制，量身定制是体验经济时代的产物。

量身定制的经营手段可以最大程度地保证顾客满意，使每位顾客获得的价值达到最大化。具有特定性、个别适应性的量身定制方法使顾客感到自己是被重视的，顾客会因为获得了这种量身定制的产品或服务而感到受到尊重，感到自豪，会产生成就感，并且会留下难忘的、美好的回忆。量身定制本身就是难能可贵的，不能用货币成本来衡量它的价值，而衡量的标准只能是顾客的感受和满意度。

例如，一名顾客在商场中购买了一双高品质的名牌鞋，虽然顾客能够获得良好的体验，产生与所购买的名牌鞋相适应的高端感受，但这种体验不能说是特定的和唯一的，因为别的顾客也可以购买相同的名牌鞋。这种非量身定制的消费很难使顾客产生永久的记忆，也难以使顾客获得最大化的价值。如果商家可以为这名顾客量身打造一双独一无二的鞋，或者邀请顾客亲身参与这双鞋的生产与制造，或者在产品制造中融入顾客的想法或需求,那么顾客就会产生完全不一样的感受,这时其需求得到了最大程度的满足,满意度高涨,获得的个人价值达到很高的水平,并能够对这次消费留下弥足珍贵的记忆。而这些都只有在体验经济中才能实现。

第四节 体验经济与其他经济形态的区别

一、体验经济与其他经济形态的本质区别:经济供给物不同

作为一种全新的经济形态,体验经济与其他经济形态,如产品经济、商品经济、服务经济的区别非常大。为便于分析,我们将体验经济形态以外的这些经济形态统称为其他经济形态或非体验经济形态。体验经济形态与非体验经济形态的区别表现在诸多方面,但本质上而言,最大的区别表现在经济供给物的不同上,见表2-1。

表 2-1 不同经济类型的比较 [1]

项目	产品经济	商品经济	服务经济	体验经济
经济提供物	产品	商品	服务	体验
经济	农业	工业	服务	体验
经济功能	采掘提炼	制造	传递	舞台展示
提供物的性质	可替换的	有形的	无形的	难忘的
关键属性	自然的	标准化的	定制的	个性化的
供给方法	大批储存	生产后库存	按需求传递	在一段时间后披露
卖方	贸易商	制造商	提供者	展示者
买方	市场	用户	客户	客人
需求要素	特点	特色	利益	突出感受

---

[1] 张春彬.体验经济背景下文化创意产品设计的研究与实践[M].沈阳:辽宁大学出版社,2019.

四种不同经济形态的经济供给物各不相同,下面作简要分析。

（一）产品经济的经济供给物：产品

产品经济以农业经济为主,经济供给物以产品为主,具体包括动物、粮食、矿物等提炼于自然界的真实的材料。在产品经济时代,农业经济作为主要经济形态决定了人们的生产生活离不开土地资源,产品主要从自然界开发而来,具有天然属性。农业经济的发展建立在农产品的基础上,农产品的生产又依赖于土地。土地、农业、农产品成为农业经济时期人们生活的基础物质保障。

（二）商品经济的经济供给物：商品

商品经济时代也就是工业经济时代,经济供给物以商品为主,商品制作与加工的原材料来源于各种各样有形的产品,企业依托大量的产品进行加工制造,商品便得以出现,并被大量储存。此后,这些商品通过各种销售渠道被消费者购买。商品主要是有形产品,其生产与销售具有标准化、规模化的特征。

（三）服务经济的经济供给物：服务

服务经济时代主打服务,将服务作为主要经济供给物。这一经济形态下,企业从客户需求出发来开发产品与服务,开发服务是一种无形的经济活动,主要满足顾客的精神需求。企业为客户服务主要依托于有形的商品,但客户从中获得的感受比单纯购买商品获得的感受更加强烈,体验感更好,意义更大,记忆更深刻。

（四）体验经济的经济供给物：体验

体验经济形态与上述三种经济形态均不同,它对消费者的内心感受、体验、精神满足、记忆更为关注和重视。消费者在体验经济的消费中能够获得极大的满足感,产生美好的感觉,留下难忘的记忆。

可以说,产品经济时代提供的是可加工的产品,商品经济时代提供的是实体商品,服务经济时代提供的是无形服务,而体验经济时代提供的是令人难忘和愉悦的体验。在体验经济环境下,消费者在消费过程中更注重亲身参与和身临其境的体验,而不只是希望获得最终的商品与服务。消费者自身参与本身就是难忘的,再加上服务是量身定制的,因而这段经历会更加难忘,给消费者留下美好的持久的记忆。可见,体验经济带给消费者的个人价值不是用货币衡量的,它被人们珍藏在心中,有时甚至永生难忘。

二、体验经济与其他经济形态品牌运行思路的区别

在传统经济形态的发展过程中,人们认定企业品牌价值是一种超越企业实体和产品与服务以外,并在企业的市场运行中予以收回的价值。它通过企业定位水准和定位理念得以提升,通过顾客满意和顾客效用的提升得以回报。其运行思路如图 2-2 所示。

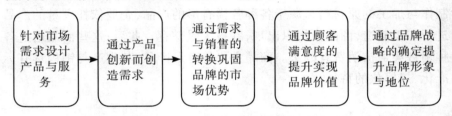

图 2-2　规模经济条件下的品牌运行思路 [①]

这一运行思路无疑促进了企业品牌的发展和品牌价值的提升,但它不适用于体验经济条件下品牌价值的展示与实现。体验经济形态下的企业品牌价值,从内涵上与一般认定的品牌价值毫无两样,问题在于如何寻求品牌价值运行的切入点,如何实现品牌价值的选择路径以及品牌价值的实现程度。根据体验经济的这一运行思路,将二者进行对比,可以发现区别。体验经济形态下企业品牌运行的思路如图 2-3 所示。

体验经济形态下企业品牌的运行与非体验经济形态下企业品牌的运行在运行起点、运行主体以及运行目标上都有差异。

①　张春彬 . 体验经济背景下文化创意产品设计的研究与实践 [M]. 沈阳：辽宁大学出版社，2019.

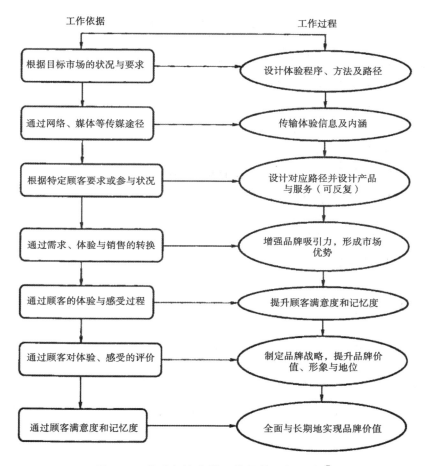

图 2-3　体验经济条件下的品牌运行思路 [1]

第五节　我国体验经济的发展现状与策略

一、我国体验经济的发展现状与问题

我国已经进入了体验经济时代,体验经济在社会各个领域都有一定

[1]　张春彬.体验经济背景下文化创意产品设计的研究与实践 [M].沈阳: 辽宁大学出版社,2019.

的反映,但总体而言,我国体验经济发展水平较低,不够系统,还未形成良好的发展模式,与规模化、高水平的西方体验经济相比差距是比较大的。下面具体分析我国体验经济发展的一些问题。

（一）服务水平较低

我国第三产业的发展水平整体上与西方发达国家还有一定的差距,这反映了我国服务经济发展水平有待提高的现状。近几年,在我国国内生产总值中,第三产业的比重虽然稳步提升,但与国际标准相比还有一些距离,这是我国第三产业有待进一步发展的直观体现。

（二）企业提供体验商品的能力较弱

体验经济的形成与发展对一个国家的服务业水平有很高的要求。发达国家服务业十分发达,因而进入体验经济时代的时间也远远早于我国。在发达的服务业背后还形成了相对完整的供应链体系,从而使企业能够为顾客提供个性化的体验商品或服务。我国虽然也进入了体验经济时期,但并不意味着其他经济形态的消失,事实上,当前我国各种经济形态并存,即产品经济、商品经济、服务经济和体验经济并存,而且服务经济和体验经济的供应链体系还不够成熟,企业在提供体验商品与服务方面的能力还比较弱,在国际体验经济市场上缺乏竞争力。

（三）人才短缺

我国体验经济已经融入了社会各个行业,但走体验经济之路的行业,因为一些从业者还未深入认识体验经济的发展规律、消费者体验的内在规律,再加上体验经济发展还处于起步阶段,不够成熟,因而影响了各行业在体验经济方面的质的提升。一些企业虽然标榜走体验经济之路,采用体验经济理念下的营销策略,但在市场运营中依然或多或少地遵循传统的投入产出规律,而能够体现出体验经济发展规律的只有消费环节。可见,体验经济的应用是片面的,没有在企业运营的各个环节都体现出来。体验经济需要一个漫长的过程才能发展起来,在此期间要特别重视培养专业人才,重点培养熟悉体验经济规律的人才。

二、我国体验经济的发展策略

鉴于当前我国体验经济的发展存在诸多问题，与发达国家还有明显的差距，当下我们必须加强改革创新，积极推动体验经济的发展，提高体验经济水平，将其深入各个行业，促进社会各行业的发展。下面针对我国体验经济的发展现状与问题提出一些发展策略。

（一）发展生产力，夯实体验经济发展的基础

社会的发展是建立在一定生产力基础上的，社会发展水平最终是由生产力水平决定的。生产力的发展是连续性的，在连续的过程中又体现出继承性、多层次性。只有拥有一定的经济基础，社会才能发展，才能进入更高一级的文明经济社会。社会经济发展的不同阶段，生产力水平也是不同的，生产力与社会经济形态是相对应的，如产品经济形态下的农业文明生产力，商品经济形态下的工业文明生产力以及服务经济形态与体验经济形态下的生态文明生产力。

我国进入体验经济时代后，生态文明生产力也逐渐崛起，生态文明经济得到发展，但它是以工业文明经济的成熟发展为基础，在工业文明生产力的基础上，生态文明生产力对工业文明生产力的水平、力量维度加以继承，在此基础上又建立了价值维度，从而不断发展。在体验经济时期，我国要大力促进发展生态生产力的发展，克服体验经济与生态环境的矛盾，促进社会经济与社会生态的协调发展。总之，我们必须通过大力发展生态文明生产力来为体验经济的发展夯实基础。

（二）扩大体验消费群体规模

改革开放以来，我国经济迅速发展，取得了举世瞩目的成就，这为我国体验经济的发展奠定了坚实的基础。体验经济的发展要以不断增加的消费需求为动力，但受贫富差距的影响，我国体验消费群体还属于小规模群体，大部分消费者还未加入体验消费群体的行列。此外，我国社会保障体系还有待完善，居民的房贷压力、教育压力、医疗压力非常大，所以没有足够经济实力的居民基本不会进行体验消费。再加上社会就

业难,对消费者的消费信心造成了冲击,影响了体验经济的发展。

鉴于以上状况,我国应加强对公平合理的收入分配改革方案的研究与制定,并进一步健全社会保障体系,减轻居民的负担,增强居民的消费信心,扩大消费需求,从而使体验消费群体的规模从小规模变成大规模或超大规模,进而以体验消费需求刺激体验经济的发展。

(三)培养人才,提高消费者素质

体验经济的发展离不开专业人才的参与,因此提高从业者的专业素质是当前我国发展体验经济的关键。在专业人才培养中,要特别加强对企业经营管理人才的专门培养,并不断提升消费者的综合素质。

作为服务经济的发展与延伸,体验经济的发展需要企业不断提高提供体验商品与服务的能力,而这又需要有优秀的企业员工参与相关工作,需要专业的企业管理者进行专门管理。因而,企业要加强员工培训,并不断引进人才,加强企业文化建设,营造个性化的体验氛围,对企业资源进行高效配置与利用,不断拓展消费市场,满足顾客的体验需求。

除了要培养企业人才外,还要提高消费者的素质。在体验经济时代,市场竞争越来越激烈,企业的生存与发展离不开顾客。顾客青睐的企业往往是能够提供良好体验商品与服务的企业,能够使顾客在整个消费过程中都获得良好体验和实现个人价值的企业。消费者对企业的影响,对体验经济发展的影响主要体现在消费需求上,而消费需求与消费者的个人素质有关,素质较高、生态文明消费观念较强的消费者更容易产生消费需求,这将为体验经济的发展提供源源不断的动力源泉。

第六节　体验经济时代的旅游体验

旅游是一种体验性的活动,但在体验经济时代,旅游被赋予了新的内涵,它被视作一种现代文明生活方式,视作对生活、对自然的体验。随着经济的发展和人们收入水平的提高,很多人的基本物质需求都得到了满足,因而在精神上有了新的需求,如体验需求。旅游能够满足这一精神需求,人们在旅游中能够拥有一段难忘的、美好的经历,体验旅程的美妙和他乡的魅力。体验可以说是旅游的天然属性,因而在体验经济时代,现代旅游业作为时代先锋得到了高度关注,并获得了快速发展。本节主要对体验经济时代旅游体验的特征、形式及发展建议进行分析。

一、体验经济时代旅游体验的特性

体验经济时代的旅游体验具有感受性、个性化、文化性和价值性等特点。

(一)感受性

在旅游活动中,一些相关的产品、服务会深深触动或刺激旅游者,从而加深旅游者的体验感。旅游者在旅游过程中产生的感受和体验是深刻的,他们直接观察旅游目的地的景物或在目的地参与一些活动就可以产生一些相应的感受。

(二)个性化

旅游者在旅游过程中,购买商品或服务,或者亲身参与体验感很强的活动,这将是其旅程中的一段美好经历,以后会常常回忆起来。旅游消费者在鲜活而生动的旅游主题中进行消费,这段回忆将更加难忘。旅游体验的主题是丰富多彩的,是具有个性的,依托这些主题渲染整体环境,旅游者亲身参与整个过程,切身感受,体验非常美好。

(三)文化性

旅游体验的文化性特征主要表现在以下几方面。

第一,旅游者出于文化层面的需要而外出旅游,以使自己的内在精神需求得到满足。

第二,旅游资源文化内涵丰富,基于人文视角开发的旅游资源对游客的吸引力更强。

第三,旅游商品的文化内涵层次有高有低,但都或多或少带有文化特质,这样能够使旅游者的文化需求得到满足。

第四,一些提供旅游商品与服务的从业者文化素质较高,能够给旅游者带来良好的旅游体验。

（四）价值性

旅游本身就是有价值的,这主要表现在能够使旅游者的精神需求得到满足,使旅游者有良好的体验,使旅游者感到身心愉悦,能够陶冶旅游者的情操。旅游的体验价值体现在旅游规划设计、旅游产品设计、旅游服务等各个方面。从这一点来看,要将旅游的体验价值聚焦于能够使旅游者获得个人价值、为旅游者提供优质产品或良好服务的环节,将有价值的、个性化的旅游服务提供给旅游者,引导旅游者的体验消费,赢得旅游者的信任,使旅游的体验价值真正发挥在旅游者身上。

二、体验经济时代旅游体验的形式

体验经济时代旅游体验主要有情感体验、娱乐体验、文化体验和教育体验等几种形式(图 2-4)。

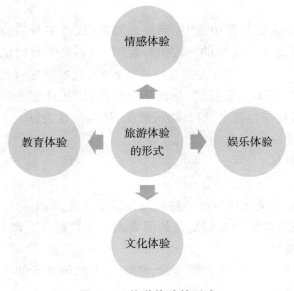

图 2-4　旅游体验的形式

（一）情感体验

在旅游体验中,情感体验是非常重要的组成部分之一。旅游者对旅游产品、旅游服务的认知反应是旅游体验的直观体现,情感反应在认知反应的基础上产生,情感反应是一种心理层面的反应,是旅游者对旅游产品与服务产生的心理反应。旅游服务业中推出的一些亲情旅游套餐能够帮助人们产生深刻的情感体验。

（二）娱乐体验

人们很容易被娱乐生活方式吸引,但人们的娱乐需求不仅仅表现为寻求刺激,还渴望获得深刻的体验,满足深层次的娱乐需求。那些吸引旅游者目光的娱乐方式往往在刺激的基础上还拥有更丰富和深刻的内涵,能够满足旅游者多方面的娱乐需求,如刺激需求、趣味需求、惊奇需求、清新需求等,这为主题旅游活动的策划与设计提供了灵感,也促进了一些使用高新娱乐科技手段的时尚旅游体验项目的产生。

（三）文化体验

我国拥有丰富的人文旅游资源,这些资源对国内外旅游者都有很大的吸引力。开发人文旅游资源,尤其是具有历史价值、文化价值的旅游资源,能够给旅游者带来新奇的文化体验,使旅游者在旅游过程中探索历史的奥秘、体验文化寻根的可贵、产生文化传承的使命感。文化体验是层次较深的旅游体验,对旅游者的文化素养具有一定的要求。

（四）教育体验

教育旅游是旅游的一种特殊形式,体现了寓教于乐的教学思想。组织学生参观人文景点,带学生感受中国古建筑、历史遗迹的文化内涵与深厚底蕴,使学生认识历史传统、历史文化,丰富历史知识,产生深刻的体验与感受。修学旅游、考察旅游、学艺旅游都是教育旅游的具体形式,能够给旅游者带来不一样的体验,而且是旅游体验与教育体验相结合的、层次更高的有价值的体验。

三、体验经济时代旅游体验的发展建议

（一）开发旅游产品

1. 体验主题化

在旅游体验的发展中，体验主题化的趋势越来越鲜明，主题的设计能够进一步增加体验感，因此一些旅游企业将主题作为体验性旅游服务的灵魂。为突出体验的主题，旅游业从消费者的需求出发，先明确进行旅游产品或服务设计的主题，然后串成一条主线，再围绕这条主线去打造体验系列的产品和服务。随着旅游业品牌战略的不断成熟，体验主题化与品牌战略逐渐融合，使旅游消费者拥有了更美好的体验。

在围绕明确的主题设计体验产品或服务时，要求思路清晰，内涵有意义，能够吸引顾客，也能发挥一定的启迪作用。这样一来，旅游者的整个旅游活动就被一个明确的主题串联了起来，使旅游者的体验更加深刻。

2. 增加体验成分

随着社会经济尤其是体验经济的不断发展，大众消费发生了一定的变化，这主要从消费理念、消费内容、消费方式等多个方面体现出来。如今，消费者在购买产品或服务时，仍然将质量放在第一位，但同时也注重产品与服务的体验价值，会先判断产品与服务能否满足其精神需求，使其情感愉悦，如果肯定了这一点，就会花钱买不可复制的、难得且难忘的"体验"。认识到消费者消费方式的变化后，旅游企业可以在旅游产品与服务的规划设计阶段融入更多的体验成分，而且体验因素要个性化、差异化，如此才能对游客产生吸引力。

（二）实施体验营销

体验营销与传统经济形态下的企业营销模式是不同的，在实施体验

营销中,要做好以下工作。

第一,建立独特的营销平台,突出体验主题,便于消费者在这个便捷的平台中随时体验,激发旅游者的消费欲望和为体验买单的动机。

第二,在体验式营销中心,要突出产品或服务的内涵,建设体验文化,营造体验氛围,促进旅游者个性化体验需求的满足。这也是旅游企业在体验经济时代提升市场竞争力的重要一环。

（三）优化体验服务

在市场经济发展的任何阶段,服务都是必不可少的,只是消费者的关注点不同,服务的表现形式各异。随着消费者消费行为的转变,旅游业要把握好旅游者的真实需求,了解其对体验性产品与服务的认知与需求,从而为旅游者提供良好的体验式服务,使旅游者在享受服务的整个过程中体验感都非常好,为旅游者留下一段美好的回忆。

旅游企业优化体验服务,关键是要提供个性化服务,注重互动体验,并培育优秀员工。

1. 提供个性化服务

体验经济时代讲求产品与服务的个性化生产与供应,旅游本身也是个性化的体验过程,所以旅游企业要更加注重为旅游者提供个性化的旅游服务,要从不同旅游者的需求出发为其设计具有针对性、个性化的旅游产品与服务,满足不同年龄、不同性别、不同职业群体的旅游者的个性化需要。

2. 注重互动体验

开发旅游产品要注重互动体验,这个互动主要是指企业与消费者之间、消费者与消费者之间的互动。在旅游产品与服务的开发中融入互动体验元素与成分,使企业与消费者之间形成稳定的供需关系,并提升消费者的体验意识,激发消费热情,提升消费者对企业品牌的忠诚度,为企业积累更多的消费群体。

3. 培育优秀员工

旅游业是服务行业,以服务为导向,旅游者选择旅游企业时,不仅注重品牌,也注重企业的服务水平,所以旅游业要特别注重对从业者的培养,提高从业者的专业素质和服务水平,美化企业的形象,给旅游者留下良好的印象,吸引回头客。

第三章 | 体验经济与体育旅游的关系解析

随着社会经济与科学技术的不断发展，现代社会逐渐进入了休闲时代，人们的消费观念和消费行为发生了明显的变化，对"体验"的需求不断增加，因此经济形态也逐渐从服务经济过渡到体验经济。了解体验经济与体育旅游产业的关系，对于围绕新经济形态下体育旅游消费者的消费需求，设计独具特色的体育旅游消费产品，满足体育旅游者的个性化需求，促进体育旅游的发展具有现实意义。本章主要就体验经济与体育旅游的关系进行解读，首先分析体育旅游的基础理论和体验属性，然后重点探讨体验经济在体育旅游中的作用、体验经济对体育旅游产业的影响以及体验经济与体育旅游的结合。

第一节　体育旅游的基础理论

一、体育旅游的概念

不同学者提出的关于体育旅游概念的看法存在不同程度的差异，下面仅罗列几种具有代表性的观点，具体见表3-1。

表3-1　体育界学者对体育旅游概念的认识

学者	对体育旅游概念的认识
史常凯、何国平	体育旅游就是一种特殊的旅游形式，其以旅游为目的，以参与或观赏体育活动为主要内容。
韩丁	体育旅游是一项专业性旅游服务产业，其融体育、娱乐、探险、观光等因素于一体。具体来说，旅游者在旅游过程中所从事的各种体育活动（娱乐活动、健身活动、康复活动、竞技活动、观赏活动、探险活动等）以及旅游地、旅游企业及社会之间关系的总和就是所谓的体育旅游。
翁家银	消费者通过旅游的形式参加各种体育活动，从而感受体育活动带来的乐趣，并满足自身的需求的过程就是所谓的体育旅游。
王丙新	体育旅游是一种特殊的旅游活动形式，其以体育为主要内容和手段，以参与和观赏体育活动为目的。异地性、审美性、流动性、重复性、专业性、健身性以及挑战性等是体育旅游所具备的主要特征。其中，前三个特征也是体育旅游的本质特征。
于莉莉	体育旅游是一种为了使人们各方面的体育需求得到满足，以一定的体育资源为依托、以体育活动为主要内容而开展的旅游活动。
王天军	体育旅游是一种以体育项目为主要内容，以休闲度假、观光探险、康健娱乐为目的的旅游活动，该旅游活动是在一定的自然环境下进行的。

综合以上几种观点，可以从广义与狭义两个层面定义体育旅游。

广义上而言，旅游者在旅游中所从事的各种与体育相关的活动（如体育娱乐活动、身体锻炼活动、体育竞赛活动、体育康复及体育文化交流活动等）以及旅游地、体育旅游企业及社会之间关系的总和就是所谓的体育旅游。[①]

　　狭义上而言,为了满足和适应旅游者的各种体育需求,借助各种各样的体育活动,并充分发挥其多方面的功能,使旅游者的身心得到全面协调发展,从而达到促进社会物质文明和精神文明建设、丰富社会文化生活的目的的旅游活动就是所谓的体育旅游。[②]

二、体育旅游的特点

　　作为一种新型的旅游形式,体育旅游与其他旅游具有共同的特征,即都具备旅游的特征,但体育旅游又是一类特殊的旅游形式,所以具有自己的独特性,这主要从以下几个方面体现出来。

　　(一)地域性

　　体育旅游活动的开展要依托丰富的体育旅游资源。体育旅游资源的分布具有明显的地域性,即体育旅游资源分布在不同的地区,且不同地区的体育旅游资源又各具特色。具有地域性特征的体育旅游最为典型的就是观战体育旅游,此外,一些体育旅游项目也具有突出的地域性特征,如海上运动(沿海地区)、冰雪运动(北方)、沙漠探险(沙漠地区)、登山运动(山区)等。喜欢参与体育旅游活动的人一般对体育旅游项目都有较高的要求,而且喜欢探索,因此他们很愿意跨地区参加体育旅游活动。

　　(二)消费性

　　游客在参与体育旅游活动的过程中,一般需要花费较多的费用,也就是成本费用比较高,当然这是相对传统旅游来说的。一些体育旅游项目对服装、工具和设备等有特殊的要求,因此旅游者需要花钱购置这些用品。体育旅游具有一定的风险性,旅游者需要提前将相关的防护装

①　闫立亮,李琳琳.环渤海体育旅游带的构建与大型体育赛事互动的研究[M].济南: 山东人民出版社,2010.
②　同上.

备准备好才能保障自己的安全,有时旅游者还需要先购买一份意外保险等。

(三)体验性

现代社会已经步入了休闲时代,世界经济形态正逐渐向体验经济过渡。随着现代旅游业的不断发展,旅游消费者对"体验"有了越来越高的需求。人们参加休闲体育旅游活动,如果只是走马观花,是难以实现旅游目的的,而且旅游的意义也不大,旅游者只有亲身参与到各种活动中,才能体验到快乐,也才能实现预期的旅游目的。体验式体育旅游与当前旅游市场的发展需求是相符的,体验式体育旅游活动的开展离不开一定的体育资源及旅游资源,依托这些资源,活动组织者将健身、娱乐、休闲、交际等各种服务提供给旅游者,使旅游者在旅行活动中获得更多的快感和不一样的体验,从而对体育旅游的魅力有更深的感悟。

第二节　体育旅游的体验属性

体验是旅游的本质,以体验为根本目的的旅游业其实就是一个互补性服务集合体,其形成于特定旅游目的地。旅游者在旅游目的地旅游的过程也就是体验的过程,在整个过程中发生的旅游经济也可以称作是"服务经济"。服务经济对应的体验是服务体验,它具体是指消费者为一项产品或服务消费时所产生的个人反应和感觉(个人体验)。近年来,旅游消费者对旅游业服务的满意度主要是通过体验这个指标来评价的,体育旅游者追求多方面的体验,体育旅游能够满足旅游者诸多体验需求。概括而言,体育旅游的体验属性主要有五种,如图 3-1 所示。

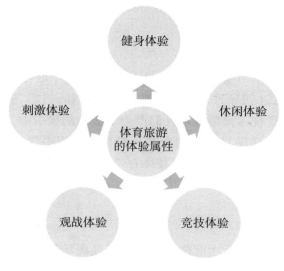

图 3-1　体育旅游的体验属性

一、健身体验

目前,很多老百姓都逐渐接受了大众健身体育旅游。体育旅游活动项目丰富,如网球、篮球、健美、滑冰、潜水、登山等。旅游者在参与体育活动的过程中追求身心健康,同时也丰富了旅游感受。

二、休闲体验

随着现代社会的不断发展,人们的生活质量显著提高,物质需求基本可以得到满足,但与此同时,人们内心的空虚感不断增长,走出自我生活、工作的狭小空间,进入广袤的大自然成为人们的共同追求,而且这种愿望非常强烈。

在旅游中参与登山、钓鱼、跳舞、骑马、打高尔夫球等轻松愉悦的体育活动,能使现代快节奏生活给人带来的紧张情绪得到有效缓解;团队合作,融洽的人际关系始终贯穿于活动中,这又可以化解人们内心的冷漠感、孤独感,进而得到高层次的休闲体验。

三、竞技体验

现代人的生活节奏越来越快,工作压力也在不断增加,而生存空间却在渐渐缩小,这就导致人们的兴趣发生了转移,帆船、射箭、滑翔伞等富有挑战性的竞技体育项目对人们产生了极大的吸引力。在国外,越来越多的人参与这些项目。人们在亲身参与的过程中深入体会体育旺盛的生命力和创造力,从而享受竞技体育带来的愉悦感和刺激感。

四、观战体验

旅游者跨越千山万水前往异地比赛场地现场观摩体育比赛,主要是基于对特定运动项目的兴趣,而不是对比赛场地本身的兴趣。例如,美国职业篮球联赛、欧洲足球联赛及奥运会等大型比赛的吸引力都很强,众多异地观众纷纷前往举办城市观赛。集强竞争性、艺术性、不可预测性等于一体的高水平体育比赛使旅游者把观看高水平体育比赛当作非常宝贵的旅游经历,并从中获得难以忘怀的精神享受。

五、刺激体验

漂流、蹦极、跳伞、攀岩、沙漠旅游、海底探险等体育活动具有冒险性、挑战性,既标新立异又振奋人心,旅游者参与这些惊心动魄的体育运动时,会获得强烈的刺激感受,人们的好奇心理和挑战欲望会因此而得到一定程度的满足,从而激发其从事其他刺激性体育旅游活动的欲望与激情。

第三节　体验经济在体育旅游中的作用

一、体验经济与旅游、体育旅游的关系

体验经济的主要特征表现在,企业并不是将传统的物质形态商品或一些无形服务提供给消费者,而是在自己搭建的舞台上,要求消费者能够参与生产,把生产与消费过程结合起来,用货币换来深刻的感受、无尽的快乐或其他体验。体验活动要求消费者亲身参与,参与结果能够增强消费者的感受,企业与消费者共同创造的体验在产品中能够充分反映出来。所以消费者的参与性、产品生产消费的互动性与同步性是体验产品的最大特征,而这又是旅游产品本身就有的特质。

（一）体验经济与旅游

从体验的角度来看,旅游属于异地体验,人们为了达到某种特定目的离开常住环境,去异地停留并完成满足目的的活动。在这一过程中,游客的收获是非常大的,不仅包括其购买的产品、纪念品,使用的旅游设施、设备,获得的旅游服务等,还包括其在景点现场观看景点、亲自参与游乐活动后留下的深刻印象、感受和体验,相对来说,印象、感受和体验等这些收获延续的时间较长,所以最终来说,游客在旅游中主要获得的是经历和感受,回忆这段经历,回味这些感受,能够给旅游者带来美好的享受。

（二）体验经济与体育旅游

体育参与者能够在参与各种形式的体育活动的过程中获得流畅体验。心理学家克珍特米哈依在《畅:最佳体验的心理学》中,提出"畅"是最优的体验标准,即"具有适当的挑战性而能让一个人深深沉浸于其

中,以致忘记了时间的流逝、意识不到自己的存在"。对于任何一个体验者来说,最优的体验都是"流畅体验",人们在体育旅游中追求的最佳体验也是"流畅体验"。

体育旅游是娱乐、教育、通识和美学四类体验的交叉地带。体育活动具有休闲娱乐功能,人们可以从中获得快乐的体验。在参加各种类型体育活动的过程中,人们暂时脱离了繁忙的工作状态,身体慢慢得到休整和恢复,在工作中造成的紧张情绪会慢慢得到缓解甚至消除,人们的身心健康水平都会得到提高。体育运动可以使人际关系变得融洽,可促进人们社会适应能力的提高。体育项目蕴含着不同的美的元素,其中健康美具有非常突出的观赏价值,每个体育活动参与者都将健康美作为自己的追求目标。流畅体验是一种全身心投入而忘我的境界,体育运动之所以能够吸引人,主要就是因为其能够使人获得这一最优体验。

目前体育旅游的定义还没有统一,综述一些定义,可以将其表述为:体育旅游是人们离开居住地,进行以休闲度假、娱乐消遣为目的,以从事体育娱乐、健身、参观为内容的旅游消费活动。它是一个综合性的经营项目群,可以为旅游者提供健身、休闲、娱乐、交际等各种服务,从而使旅游者在旅行游览过程中获得最优体验。

人类社会发展到一定时期,为了满足日益增长的自我实现需求而创造了体育旅游。随着生产力水平的不断提高、经济的快速发展、个人收入和生活质量的大幅上升、余暇时间的增多以及消费能力的增强,人们在身心健康、享受等方面的需求不断增加,追求的享受档次也不断提升,并积极参与一些健康文明的文化娱乐活动来满足自己的需要,体育旅游就是其中备受人们青睐的一种文娱活动,这一活动可满足人们不断增长的高层次需求。参与体育旅游的个体,其消费是一种文化生活方式,而不是物质生活方式。在旅游过程中,他们追求的主要是消费的个性,自己的全面发展,以及新鲜刺激、独一无二和难以忘怀的经历与感受,即追求最大的体验满足。

二、体验经济与体育旅游的相互作用

(一)体验经济催生体育旅游

从市场需求方面,体验经济发展中观察问题的视角是"顾客能获得什么",从而得出结论,争取使顾客获得最佳体验,从而扩大体验经济的市场。体验经济作为一种经济发展新形式出现后,其不同程度地影响了社会政治、经济、文化各领域的发展,许多事物中的"体验"色彩慢慢呈现,"体验"类新生事物不断被创造,其中比较有代表性且发展较好的新生事物中就包括体育旅游。

体育旅游作为一种健身方式和旅游方式是非常健康、文明、科学的,它能够提高个体的生命健康水平,满足个体的高层次体验需求。而在体验经济时代,体育旅游作为一种文化生活方式深入人们的生活中,营造了良好生活氛围,创建了健康文明的社会风气,促进了人们生活质量的改善与提高,成为一种服务性经济内容,经济与体育的关系是双向促进的。一方面,人们通过经济的参与将体育旅游产品"买来",另一方面,作为娱乐和消费方式的体育旅游能大力支持人们进行有效的经济参与,通过这种消费的"再创造"性反过来又可以推动体育旅游的发展。

对于体育旅游活动的参与者来说,他们参与旅游活动并不是免费的,在参与的过程中人们需要付费才能获得美好的、振奋人心的文化体验。奥运会对于经济的推动意义就是一个典型个案,而且推动作用越来越强,这充分表明体验经济时代背景下体育旅游的发展势头强劲,发展前景光明。

(二)体育旅游成为经济增长新亮点

体育旅游活动中伴随着旅游者的消费行为,消费又能够带来更多的商业机会和经济效益。从近年来数届奥运会和世界杯足球赛等大型国际体育赛事来看,在体验经济发展中,体育旅游这一内容所占的比重非常大。开发体育旅游为旅游企业及所在地带来了可观的经济收益。可以说体育旅游促进经济发展是必然趋势。

一般来说,旅游城市对本地体育旅游的发展十分重视,他们为了创新旅游业,不断引入大型体育赛事,争取大赛主办权,从而创造丰厚的经济效益,创造就业机会,促进本地的整体发展。世锦赛、世界杯等大型体育赛事创造的经济效益数以亿计,因此围绕这些赛事发展体育旅游更是备受关注。

第四节　体验经济对体育旅游产业的影响

一、体验经济对体育产业和旅游产业的影响

（一）体验经济下体育产业的发展

体验经济时代背景下，人们的消费需求有了一些新变化，体育产业的发展也因此呈现出新态势。体育竞赛表演产业、体育健身休闲业是体育产业的本体产业，这些产业为消费者提供参与、观赏的服务产品，消费者从中达到身心愉悦，精神享受的目的；消费者对这类体育产品的消费一般与生产同步，也就是说生产和消费具有即时性。

体育竞赛表演业中最重要的产品就是竞赛产品，这一产品最吸引人的是竞赛结果，这是不可预测的，比赛的悬念使每个消费者的神经紧绷，他们观看体育赛事时可能会有喜怒哀乐的情绪体验，这正是体育竞赛魅力的体现，也是吸引消费者的地方。

体育健身休闲和体育竞赛表演带给消费者的体验除了即时性体验外，还有溢出效应，意思是消费者通过参加健身活动或观看比赛活动，其意志品质、团队精神、拼搏精神等都会得到不同程度的增强或提升，这是体育旅游的教育意义。这一教育意义又会衍生出很多社会效应和文化效应。因此，体验经济之下对体育产业进行开发，应以提升消费者的体验价值为导向，基于体验对体育产业价值链进行构建，促进产业发展方式的优化。

（二）体验经济下旅游产业的发展

体验经济之下，旅游活动应该与消费者寻求独特体验的需求保持高度的适应性，以提高消费者体验质量为目标开发产品。谢彦君认为，旅

游者心理与旅游对象之间发生相互作用的结果就是旅游体验过程,旅游体验是综合性体验,这个过程中旅游者以追求旅游愉悦为目标。也有学者认为旅游体验是一种个人的、主观的且异质性非常强的内心感受。

对于旅游者来说,旅游只是他们达到体验目的的一种有效媒介。感官体验、身体体验、心灵体验、精神体验、情感体验等都是这种体验的深层次结构内容。

体验经济之下,旅游企业只有将服务的核心定位为提升顾客体验感受,才能实现持续的更好的发展。同样,旅游产业的核心也是开发并提供体验性服务和产品,使顾客的个性化体验需求得到最大化的满足。

二、体验经济与体育旅游产业的发展

（一）体验经济与体育旅游项目

在休闲时代,传统的"有物可看,有话可说"的旅游已经无法满足旅游者的体验需求,他们现在追求全方位参与或体验,希望对旅游项目和产品的内涵、特色等有全面且深入的认识与理解。体育旅游活动春夏秋冬四季都可以进行,不同地域环境下开发的旅游项目更是独特、精彩。体育旅游以其丰富多彩的内容为不同旅游者提供张扬个性、自由发挥的广阔空间。

从世界范围来看,体验经济最成功的体育旅游场所莫过于美国的迪士尼乐园,当然这只是其中之一。该场所通过成功动画片的情景模仿,运用色彩、刺激、魔幻等表现手法创造出一个童话般的世界。另外,当今体育赛事火爆,网络游戏发达,这都是体验经济魅力的重要体现。

（二）体验经济与体育旅游产品

体验经济中,在消费中获得难忘的体验是消费者购买产品的主要动机,他们在这个难忘的体验中会发现自己内心深处所有的需要只有在成功购买这种产品后才可以得到满足。旅游者购买这类旅游产品,从中获得的经历与精神体验都是不可重复的,这对他们来说是值得永久保留的美好回忆,所以他们才会购买体育旅游产品,尤其是有形纪念品。

体验经济从旅游者表象需求和潜在需求出发,当成功挖掘旅游者的需求后,他们愿意拿出时间和金钱满足自己的某种体验需要的消费,这主要体现在以下几方面。

第一,旅游者有美妙体验感觉后,非理性因素支配其消费行为,这时,旅游者自愿通过消费来满足体验。

第二,和服务经济下开发的体育旅游产品相比,在体验经济下开发的体育旅游产品更加多样化、个性化。

第三,体验经济中,旅游者对产品的消费过程可亲身经历,也可通过网络或者电视转播来进行消费,这无疑大幅提升了经济效益。例如,作为体育旅游赛事产品,奥运会将体验经济的某些理念在无形中发扬光大。奥运会本身就是最佳体验载体,主办方通过媒体的广泛宣传营造活跃的气氛,引导人们做出对吉祥物、纪念品的消费行为,从而使原有的体验更加充实。如此一来,产品价值得到提升,强体验性品牌逐渐形成,该产品向消费者提供体验的同时可创造良好的经济效益。

三、体验经济融入体育旅游对体育旅游产业的积极影响

(一)提升体育旅游产业的社会效益

体验可分为遁世体验、教育体验、娱乐体验和审美体验,体育旅游产品可使旅游者的四种体验同时得到满足。旅游者在一个设计水平较高的活动上的消费,可以获得丰富经历、学习知识、完善自我等众多收获,这都是体育旅游的社会效益在无形中的充分发挥。

例如,大型国内、国际体育赛事将大量外地甚至外国游客吸引到赛事举办地,游客亲身参与赛事的各项相关活动,身临其境地体验举办地的城市文化,他们会发现这个城市的闪光之处,从而喜欢这座城市,这就大大提高了举办地的美誉度;另一方面,举办赛事也可以增强当地人的归属感、荣誉感和凝聚力,当地人会更乐于为自己的城市作出贡献。

（二）提升体育旅游产业的文化效益

体验可以使人的精神需求得到很大程度的满足，使人的品位和格调不断提高。例如，奥运期间举办城市组织的奥林匹克文化艺术节，重点考虑为人民群众提供文化服务，对奥林匹克精神进行宣传和推广，同时结合民族文化进行传播。在文化的引导下，旅游者获得的体验会上升到较高的层次，而不仅仅是浅显的感官体验。

从旅游者的角度来分析，如果他们可以得到精神的启迪，就说明活动的文化效益已经切实影响了受众。

从社区角度看，如果社区居民经常参与体验型体育旅游消费，那么就会提升整个社区的文化氛围。①

以上都反映了体育旅游文化效益的提升。在体验经济指导下对体育旅游产品进行开发，必然要牢牢把握该区域的文脉，将其文化底蕴充分展现出来，从而能够围绕特定主题顺利展开各个活动项目。

第五节　体验经济与体育旅游相结合的思考

一、体验经济与旅游的结合——体验式旅游

（一）体验式旅游提出的背景与依据

1. 国家倡导

《关于加快发展旅游业的意见》于 2009 年 12 月由国务院下发（以下简称《意见》）。《意见》强调："转变发展方式，提升发展质量，把旅游业培育成国民经济的战略性支柱产业和人民群众更加满意的现代服务

---

① 王传平.体验经济视角下芜湖地区体育旅游开发与营销研究 [D].安徽工程大学，2011.

业""坚持合理利用资源,实现旅游业可持续发展"。这表明当前我国旅游业发展的当务之急是转变发展方式,旅游要走的主线定位为内涵式发展、转型升级。在全社会倡导健康旅游、文化旅游、绿色旅游,在保护自然生态系统、原生环境和历史文化遗存的基础上开发更多类型的旅游产品,培育新的旅游消费热点。这是我国旅游业迎来前所未有的重要战略机遇和黄金发展机遇的标志,也为体验式旅游提供了有力的政策支持。

2. 游客需求转变

亚太旅游协会《2010 年亚太地区旅游意向调查报告》显示,在调查受访者舍得在哪些方面花大钱时,60%的受访者表示他们愿意将费用花在更多的文化体验上。当代人的旅游与过去那种"花最少的钱,看最多的景点""睡在车上,下车看庙,景点拍照"的传统旅游模式完全不同,传统旅游模式已不能满足当代旅游者的需求,愿意以背包客的形式来体验旅游的游客越来越多。这充分表明游客对个性化的体验旅游产品、对真实与差异有着较为强烈的追求。当前,旅游者的旅游需求发生了转变,如从"观看"到"参与",从"领受"到"体验",从"被动"到"主动",游客更愿意为体验旅游付费。

3. 景区旅游业持续发展的必然趋势

在现代旅游业发展中,人工、管理等成本不断增加,游客人数明显增加,但景区的经营利润却没有得到大幅提高;单纯的景点观光让多数景区旅游消费需求太过集中,增加了交通运输的压力,超出了旅游接待设施的承载力,景点容量超负荷,因此游客拥堵、投诉增多、景点周边环境受破坏等不利于景区保护与发展的不良现象层出不穷。我们应充分认识到,景区的发展是一个动态过程,基本规律是不进则退,景点观光的辉煌已经成为过去,科学转变发展方式才能获得持续健康的发展,尤其是在各地对旅游业越来越关注的今天,市场竞争愈发激烈,在游客需求发生重大转变的形势下,必须从战略高度采用与市场需求相符的发展理念和手段,紧紧围绕旅游者的需求来精心谋划发展策略,积极创新,科学开发体验式旅游,将发展与保护的矛盾处理好,实现从门票经济向产业经济的顺利转变,将旅游产业链条拉长,促进旅游业的进一步发展。

（二）体验式旅游推动旅游业发展的特点

1.再次光顾体验目的地的概率高

本质上来说，体验旅游是人们离开平常环境到其他地方寻求某种活动的体验，差异化地寻求精神享受，这远远超过了观光旅游所带来的视觉体验。这种体验的经历与回忆以及通过精心策划的体验式旅游产品大多以当地独特的文化内涵为基础，不易被复制，将会吸引越来越多的旅游者，也会赢得更多的"回头客"。

2.消费能级高

从世界旅游发展规律来看，体验旅游最初在高收入群体中逐渐兴起，高端旅游消费者不满足走马观花地浏览风景名胜，而对自己的旅游经历更重视，对旅游的需求从物质层面转移到精神层面。现在，越来越多的大众旅游消费者在慢慢接受这种起于高端人群的体验式旅游方式。这说明在旅游地消费能级增高的体验式旅游是非常值得深入开发的市场。

3.旅游产业链条得以拉长

体验式旅游的发展可以加速向旅游消费阶段的追求拓展，追求质量和综合效益，带动相关产业发展，为经济稳定和增长的动力提供巨大容量。通过体验式旅游延伸产业链，加快"经济入场券"向"产业经济"的实现，使旅游经济向消费领域（餐饮、购物、娱乐等）发展，从而使旅客在景点区域的旅游消费适当增加。

二、体验经济与体育旅游相结合的思考

现在，旅游者的消费心理在不断成熟，传统的旅游经历已经逐渐被他们抛在脑后。而全方位地参与或体验、充分理解旅游地的文化特色已成为其新的追求。作为一种精神享受产品，体育旅游如果没有体验过程，那么消费完后就不会留下什么痕迹或难忘的记忆。体育旅游产品是一种最能体现和适应体验经济时代的旅游活动。

（一）体育旅游产品体系庞大，能让旅游者选择符合个性的产品

目前来看，自然条件、硬件设施等对体育旅游活动的限制比较小，旅游者一年四季都可以参加体育旅游活动，随时都可以在各种体育旅游活动中获得惊险、刺激、欢快等感受。不同地域环境下孕育了不同的旅游资源，利用这些资源可开发独特的体育旅游项目，如平原地区的球类运动；内陆水域的垂钓、漂流等；海洋中潜水、出海、海滨的沙滩排球；山地探险、滑雪等。

体育旅游产品体系庞大，这是其他旅游产品无法企及的，惊险刺激的体育旅游活动为精力充沛的青年人展现自己旺盛的生命力和创造力提供了重要的平台，娱乐休闲的体育旅游活动又为青少年好奇心的满足提供了可能。总之，多种多样的体育旅游产品满足了不同旅游者的不同需求。①

（二）体育旅游活动过程能让旅游者经历和感受各种各样的、属于自己的体验

体育旅游活动的参与性很强，在不同类型的旅游活动中，旅游者能够获得各种各样的经历和各种不同的体验，这些经历与体验都是独一无二的，都属于旅游者个人所有。

例如，在垂钓过程中，要让鱼儿上钩，必须有充足的耐心，还要做好多次失败的准备，做好被打击的准备，当坐在餐桌上享受一天的成果时，垂钓过程就会不自觉地出现在脑海中，这样享用成果才更有滋味，而且这个经历和体验会很难忘。

再如，在漂流过程中，人们获得了刺激的感受，从而有更大的勇气从事其他刺激性体育旅游活动，使旅游体验得以延伸，久久不能忘记。

即使参与同一项运动，旅游者也会因为个体差异而产生愉快、惊险、刺激、成就感、挫折感等不同的体验，这些体验被旅游者藏在记忆深处，以后每次回忆起来都会有不同的感受。

---

① 钱应华. 基于体验视角的体育旅游产品设计与开发 [J]. 体育科学研究，2008（4）：11-13.

第四章 | 体验经济视角下体育旅游市场的有效开发研究

　　随着社会的不断发展和人民生活水平的快速提高,旅游逐渐成为大众休闲生活的主要内容之一。体育旅游作为旅游的重要组成部分也渐渐受到大众的关注,体育旅游爱好者不断增加,加快了体育旅游发展进程。但整体来看,我国体育旅游的发展还处于初级阶段,与体育发达国家相比差距比较明显,而且在体验经济时代背景下,体验式体育旅游市场还未形成一定的规模,体育旅游市场开发与经营管理面临诸多问题,从而严重制约了体育旅游的发展,也影响了体育旅游爱好者体验需求的满足。对此,必须在体验经济视角下探索体育旅游市场的有效开发路径,根据体育旅游市场发展现状、困境来寻找突破点,为体育旅游市场开发及其与体验经济的融合指明方向。本章特对此展开研究,首先分析我国体育旅游市场开发现状,然后基于体验经济视角探讨体育旅游开发的可行性,体育旅游资源、产品及项目的开发,以及区域特色体育旅游开发。

第一节　我国体育旅游市场开发现状分析

一、我国体育旅游市场开发的现状与问题

随着人民群众收入水平的提高,其生活质量明显提高,人们对生活的品质越来越重视,并产生了强烈的健康需求、精神需求。体育旅游既能满足人们的健身、健康需求,又能满足休闲娱乐、体验愉悦的精神需求。体育旅游的参与性、体验性十分突出,人们对此表现出比较强烈的参与愿望。在体验经济时代背景下深入开发体育旅游市场,挖掘丰富多彩的体验式体育休闲活动,能够丰富人们的生活,给人们带来美好的体验,同时也能带动周边产业的发展。

然而,目前我国体育旅游市场开发还未形成一套比较成熟的模式与体系,尚存在一些问题有待解决。具体来说,我国体育旅游市场开发主要存在以下几方面的问题与不足。

（一）市场供给无法满足需求

体育旅游市场供给与社会发展需求不符是体育旅游市场开发中一个非常严重的问题。当前,我国对观赏型体育旅游市场的开发与体验型体育旅游市场的开发差别较大,二者之间不均衡,依然以观赏型体育旅游为主。我国地大物博,不同地区都有自己的先天自然优势和独特的历史资源,这为开发体育旅游提供了基础保障。现在,城市体育健身消费比较集中的项目主要是球类项目、游泳项目和健身房健身项目等,但因为基础设施数量有限,配套设施不够完善,导致人们无法相对自由地安排运动时间和进行体育消费,也影响了人们参与这些活动的兴趣。我国体育旅游市场开发比较好的地区主要是经济发展水平高的东部沿海地区,而经济落后区域受资金短缺的制约,旅游设施较少,技术开发落后,也没有配套的安全保障体系,再加上专业人才的短缺,导致体育旅游开

发陷入了严峻的困境,无法满足人民群众日益增长的体验需求。

(二)理论研究滞后

我国体育旅游从起步到现在虽然也有很长时间了,但该行业的基础理论研究较为缺乏,独立学科也尚未形成,而且也缺少专业人员,从而与实际市场需求拉开了距离,无法满足需求。

当前,我国体育旅游理论研究基础薄弱,研究成果匮乏,而且一些理论成果经过实践检验后发现了一些不合理的现象,有待进一步完善。理论研究的落后也影响了我国体育旅游制度法规建设、市场规划与开发等实践工作的开展进度,并影响了我国体育旅游市场开发的广度与深度,导致体育旅游市场开发缺乏理论支持,开发层次较低,一些有潜力的旅游资源得不到深入开发,造成了资源浪费。

(三)相关标准制度不完善

我国体育旅游行业的起步时间与体育产业、旅游产业的起步时间相比是比较晚的,体育旅游文化建设也处于起步阶段,相关行业标准还比较欠缺,从业者的职业培养缺少相关标准进行评价。就目前来说,很多从业者的文化素质有待提高,整个行业的从业人员整体上文化素质修养达不到该行业发展的客观要求,从而造成了行业发展中一些道德问题的出现。

旅游业是文化产业,具有很强的经济性,其发展直接影响社会经济的发展和国家经济收入。在人类消费活动中,旅游消费的导向作用是显而易见的,对人们的消费方式和消费内容有直接的影响。为了维护体育旅游的市场经济秩序,引导消费者合理消费,养成文明健康的消费习惯,需要设立一些相关标准制度,但这方面目前处于缺失状态。

(四)体育旅游和生态环境之间矛盾突出

在我国经济社会发展还不够成熟的时期,一度曾只追求经济发展,而忽视了生态环境和生态效益。环境成为经济发展的牺牲品,而且更具体地来说,商家过度开发的现象普遍存在,从而严重破坏了生态环境。

再加上一些游客缺乏良好的道德素养和环保意识,导致这一问题更加严重。

现在,我国秉持可持续发展理念,在坚持可持续发展原则的基础上来开发体育旅游,追求体育旅游经济效益与生态效益的双赢,虽然理念是正确的,但依然有一些地方为了增加旅游的经济效益而对生态环境造成了不同程度的破坏,导致体育旅游与生态环境之间矛盾激化,冲突不断。

（五）体育旅游管理混乱

我国体育旅游的运行还没有完全进入市场体制阶段,但正在从计划体制向这方面过渡,在这个特殊的过渡时期,一些不符合市场经济规律的做法频频出现在体育旅游开发中,这一方面是传统经济体制影响的结果,另一方面也与该行业疏于管理有关。体育旅游行业具有非常强的综合性,在发展中离不开有关部门的合作与综合管理,但当前因为这方面的管理没有受到足够的重视,而且管理混乱,从而严重制约了体育旅游市场的开发效率与成果,也影响了市场经济秩序的稳定。

（六）区域协作发展机制尚未建立

我国各区域在体育旅游开发中缺乏合作与交流,各自圈地开发,管理模式也比较封闭,缺乏开放性,而且各地之间为了争抢客源,采取了一些不正当的竞争手段,扰乱了市场秩序。如果不从根本上解决这些问题,体育旅游市场的发展将会严重受到影响,市场开发将无法顺利进行,而且开发的规模与层次也将非常有限。

二、体验经济时代体育旅游市场开发的思路

（一）进一步加强体育产业与旅游产业的融合

1. 深入认识体育产业与旅游产业融合的重要意义

加强体育产业与旅游产业的深度融合,首先要正确并深入地理解二者深度融合具有哪些意义。二者的融合发展既有理论意义,也有现实意义,只有正确认识了这些意义,才能调动二者融合发展的积极性。

　　体育产业与旅游产业的融合发展对二者来说都有利,可以实现双赢。对体育产业的意义在于,保留了体育产业的特点,即以体育为主、强身健体,将体育运动的魅力展现给更多的游客,提高了体育经济发展水平。对于旅游业的意义在于,将体育元素融入旅游业中,丰富了旅游资源,增加了旅游项目,促进了旅游内涵的丰富及体验感的强化。体育旅游产业的发展构建出一个相互联系、协同发展的产业融合现状,二者的融合发展能够使整个社会的经济效益与社会效益都得到有效提高。

　　我国体育产业近些年来的发展情况较好,发展前景也比较光明。尤其是近几年来,在国家政策的推动下,大量的体育企业逐渐在市场上涌现出来,这不仅扩大了我国体育产业的发展规模,而且提高了体育市场竞争的激烈程度,也使得一些传统体育产业的问题与瓶颈明显地暴露出来,其中产业运营模式单一就是传统体育产业发展中存在的一个重要瓶颈。对于传统体育产业来说,探索新的运营模式,在融合理念及协同理论的指导下走融合发展之路具有重要的实践意义。

　　第一,体育产业自身定位不够广泛,与其他娱乐产业相比还有一定的差距。电影、唱歌等娱乐产业项目基本实现了大众化,而且这些项目在发展中也主要走娱乐化之路,能够使人们的娱乐需求得到满足。相对来说,体育更为专业一些,其娱乐性不及常见的娱乐项目,在文娱产业市场中,体育不具备竞争优势,很多人因为体育的专业性较强而不愿参与其中。因此,要发展体育产业,就要将娱乐的旅游的元素融入其中,丰富体育产业的内容,创造多元化的体育娱乐和体育旅游产品,促进产业市场占有率的增加,如此才能使体育产业获得更广阔的发展空间,在文娱市场和旅游市场中发挥竞争优势。

　　第二,人们对体育项目的偏好因为地区、政策、年龄、职业等因素的影响而有区别。经济是影响我国体育发展的重要因素,我国各地区体育发展失衡很大一部分原因就是经济发展存在地区差异。总体来说,大众化的项目如足球、篮球、乒乓球等在我国各地广泛分布,也就是说各地都有很多参与者。相对来说,田径、网球、游泳等项目的分布就比较狭窄,还没有达到很高的普及程度。如果将这些项目放到旅游地中,利用旅游地的地理优势和客流量来拉动这些项目的发展,提高大众参与度,将会大大提高体育项目的普及性,并增加旅游地的经济效益。

　　第三,发展体育产业需要用长远的眼光进行合理规划,但体育部门在这方面没有做到位,系统的体育产业链还未形成,体育产业发展存在重局部、轻全局的弊端。体育赛事、体育教育、体育俱乐部等在体育产业的发展中是比较受重视的,但体育服务的发展没有引起重视,这就需要有实力的企业将这方面的空缺填补起来。目前,我国部分体育产业缺乏开放性、规模性,体育部门应与地方相关部门协商,在市场经济环境下适当整合产业,实行兼并策略,促进体育产业架构的健全,以持续发展体育产业。在构建体育产业发展架构时,尤其要关注其与旅游业的融合与协调发展,扩大体育产业的规模,促进地方经济结构的优化升级,这也是促进旅游业内涵不断丰富的重要举措。总之,体育产业与旅游产业的融合发展能够产生巨大的力量。[1]

2. 构建体育产业与旅游产业的多元融合模式

体育和旅游给参与者带来的体验感相似,旅游产业与体育产业没有特别严格的边界,在这些基础条件下,再结合内外动力的共同作用,体育产业与旅游产业的融合形成了新的机制,包括参与性融合、观赏性融合以及购物式融合,如图4-1所示。需要注意的是,体育产业与旅游产业融合的多元模式是以体育产业资源和旅游产业资源为核心的。

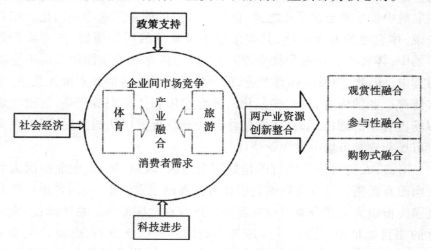

图4-1 体育产业与旅游产业的多元融合模式 [2]

---

① 杨强.体育旅游产业融合发展的动力与路径机制[J].体育学刊,2016,23(04):55-62.
② 同上.

（1）参与性融合

参与性融合机制强调旅游者的亲身体验。融合了体育与旅游元素的产品与服务能够给人们带来新的体验，体育体验与旅游体验的结合是体育与旅游发展的一个方向。体育活动与旅游活动在身心价值上的一致性使体育产业和旅游产业在参与层面上的融合有了很大的可能。

（2）观赏性融合

体育赛事产业是体育产业的重要组成部分。体育赛事竞争激烈，比赛结果充满悬念与未知，这对体育爱好者具有很强的吸引力。世界性大型体育赛事和成熟的职业体育赛事能够吸引广大观众进入现场观看，他们从中获得更直观与更刺激的体验。

（3）购物式融合

随着体育人口的大量增加及大众在全民健身中参与度的提升，人们在运动装备、体育用品、体育纪念品、体育藏品等方面的消费投入越来越多。购物式融合方式能够产生一定的集聚效应，如人们会集中在体育特色区、博览会等地方进行购物体验。

需要注意的是，体育产业与旅游产业的上述三种融合密不可分，相互促进，大大推动了体育旅游的发展。

（二）优化体育旅游市场管理体系

要推动体育旅游市场的健康发展，就必须建立相应的管理体系，从而协调与管理体育旅游产业链中的相关机构部门，促进行业合作共赢目标和体育旅游市场运转效率提升目标的实现。

（三）加强区域体育旅游的协同发展

加强区域体育旅游的协同发展，需要从产业布局、区域竞争力提升等方面加以改革与创新。

1. 优化区域体育旅游产业布局

区域体育旅游产业布局主要是指体育旅游产业的地区性分配与布置。我们研究区域体育旅游产业布局，要对整个区域的体育旅游产业结构及其演变予以关注，并且要重视不同体育旅游项目的空间布局方式及不同布局对产业绩效产生的影响,如果只是从微观上关注旅游企业的选址、个别资源的调配等,则不利于整个区域的发展,因此要做好宏观上的布局工作。

（1）布局要求

在区域体育旅游产业布局方面,要尽可能促进经济效益得到最大化的提升,使区域内体育旅游消费者的需求得到满足,这是最基本的原则。除此之外,还要考虑如下几项要求。

第一,适应社会经济发展的总目标。区域体育旅游产业的发展不是孤立的,它是国民经济的重要组成部分之一,而且体育旅游产业本身也与其他产业存在紧密的关联,如文化产业、健康产业等。大力发展区域旅游体育产业,可以带动区域内其他关联产业或行业的发展,也能促进国民经济的发展。区域体育旅游产业的布局要从宏观上考虑长远利益,要树立大局观,将整体与局部、重点与一般、长远利益与近期利益的关系处理好。

区域体育旅游产业的发展在一定时期内的发展会受到当下国家经济发展水平和区域经济建设规模的影响,因而要在社会经济或区域经济的宏观发展规划中纳入区域体育旅游产业发展的相关内容,将其作为社会经济建设的一部分,这样区域体育旅游产业布局就能适应社会经济发展的总目标、总要求,防止偏离大方向和脱离社会经济发展轨道。

第二,统筹规划,择优开发,兼顾一般。在区域体育旅游产业布局规划中,必须先分析区域体育旅游资源状况,然后在比较利益论的指导下开发区域旅游体育产业,加强统筹规划,并严格遵循择优开发、兼顾一般的原则。择优开发是为了保证优势旅游项目的发展,促进重点地区体育旅游产业的发展和重点体育旅游项目的开发,开发优势旅游项目往往能较快获得良好的效益。兼顾一般是指要开发一般体育旅游资源,满足大众的基本需求。无论是政府还是企业,都要贯彻宏观布局、择优开发、兼顾一般的产业布局原则,从而满足不同层次消费者的体育旅游需求,促进区域体育旅游产业的协调发展。

第三,因地制宜,开发特色产业。不同地区因为自然环境、社会历史环境的影响而形成了不同的自然现象,也自然形成了不同的自然资源特色,体育旅游资源同样也呈现出地域性特征。各地要依托本地的特色体育资源开发体育旅游产业,加强对特色体育资源的开发利用,突出地方文化特色、历史特色和自然特色,这对于区域体育旅游产业品牌的形成及长远发展具有重要意义。

第四,体育旅游产业与其他体育产业要相互协调、相互促进。区域体育旅游产业是一定区域范围内为人们提供体育旅游服务的综合性很强的行业,它能够为人们提供休闲体育旅游场所,组织休闲体育旅游活动,提供休闲享受服务和休闲体育旅游产品,激发人们的消费热情,满足消费者的需求,令消费者感到满意。这是体育旅游产业得以发展和受到人们认可的关键。在区域体育旅游产业开发与布局中,要充分发挥区域体育资源优势,加强体育旅游基础设施建设,开发重点旅游项目和活动,依托资源优势开发特色产业,并确保区域内体育旅游产业和其他体育产业布局合理,能够相互协调,相互促进,形成协调、优化的空间布局结构。

（2）布局层次

区域体育旅游产业布局层次大体可以分为宏观布局、区域布局和微观布局三个环节。

①宏观布局

宏观布局是指在全国产业战略规划下考虑区域体育旅游产业的布局,将区域体育旅游产业布局作为“一盘棋”（全国体育产业、体育旅游产业布局）的重要环节之一。区域体育旅游产业布局要与国家经济发展的战略部署、区域经济建设的战略目标保持一致,这就要求对区域旅游体育产业开发的基本条件进行综合分析,在全局理论下制定发展战略,明确发展方向,按照国家体育产业发展规划和区域实际情况来确定哪些是重点开发区域,哪些是非重点开发区域,使区域体育旅游产业布局合理,取得良好的宏观经济效益和社会效益,并能兼顾生态环境效益,走可持续发展之路。

从宏观上进行区域体育旅游产业布局,需要对以下内容进行全方位研究和综合考虑。

第一,区域与周边地区的经济发展水平、居民生活水平、居民消费水平和消费特征。

第二,区域体育资源的分布情况、有哪些特色体育资源、体育资源的开发价值与现状。

第三,区域体育旅游市场的分布和客源量大小。

第四,区域基础体育设施建设情况及体育前后关联产业发展状况。

第五,区域居民年度体育旅游消费在总消费中所占的比重。

第六,对周边地区体育旅游资源的开发利用情况。

第七,全国体育旅游产业分布特点和布局的主要问题。

②区域布局

在区域体育旅游产业布局中,区域布局属于中间环节。在区域布局中,要以宏观布局蓝图为依据,做好下列"三个确定"。

首先,对区域体育旅游产业的开发方向、开发目标、开发规模的确定。

其次,对区域内各体育项目开发时间、地点、顺序的确定。

最后,对区域内旅游相关产业分布的确定。

对体育旅游产业的区域布局要加强区域性基础设施建设、产业空间结构优化及区域内各地之间的联系等,在综合考虑区域内各相关因素的基础上构建一张区域网络,在特定的区域网下开发体育旅游产业,完善产业布局。

③微观布局

微观布局是区域体育旅游产业布局最基本的环节,具体包括体育旅游项目的开发、体育旅游产品的生产、体育旅游服务的提供、体育旅游活动的开展等。在这个环节的布局中,要以宏观布局、区域布局为依据和参考,将产业布局与开发工作有序落实,并具体到体育旅游企业布局,选择最优企业区位,确保体育旅游企业经济效益的最大化。

在区域企业布局中要遵循市场发展规律,尤其是市场竞争准则,分析企业的比较优势,尤其是区位条件优势和资源优势,这些优势直接影响企业的市场地位、市场份额、劳动生产力。进行企业布局决策,要以利益最大化为第一目标,并综合考虑企业区位优势和资源优势,继续扩大和强化优势,形成优势合力,以期以最合理的布局取得最佳发展效果。

2. 提高区域体育旅游的竞争力

（1）利用现代技术助推体育旅游发展

区域体育旅游的发展离不开现代信息技术的推进。在互联网时代,信息技术与体育旅游的融合越来越深入,社会经济发展的新潮流如共享经济、互联网经济、大数据经济等为区域体育旅游的发展与传播提供了良好的环境。加强信息技术与区域体育旅游的融合,能够使区域特色体育旅游的发展渠道更加宽广、开阔,并实现线上与线下共同发展的目标。

在传播体育旅游知识、体育旅游信息、体育旅游文化方面,互联网作为信息时代的载体发挥了重要的作用,发展区域体育旅游,尤其是打造优势体育旅游项目,尤其要发挥互联网的传播作用,利用互联网手段提高传播意识和服务质量,及时传播体育信息,为消费者获取知识、掌握信息、学习技能、观赏赛事提供便利,从而扩大消费市场,拉动区域经济发展。总之,在互联网背景下要加强高新技术在区域体育旅游培育与发展中的应用。

（2）加强特色体育旅游的发展

我国地域广阔,不同地区都有自己丰富的自然资源和人文资源,各地可结合自身经济、区位、资源等现状而开发具有本土特色的体育旅游,并将其发展为本地优势体育产业。例如,经济发达、人口基础大、人才集聚多的地方在开发体育竞赛表演旅游方面具有优势,可以借助有利条件打造品牌体育赛事,并在国内外广泛推广。此外,在自然条件优越的地区可以结合实际情况开发休闲体育旅游,同时可以将体育赛事与旅游结合起来,以赛事促旅游,以旅游促赛事,形成协同发展局面。

（3）引进专业人才

任何行业的发展都离不开人才,社会发展与创新是以人才为第一要素的。对优秀的专业人才进行培养,能够促进社会不同专业领域的发展。区域体育旅游的发展同样离不开对优秀人才的培养,通过进行专业人才培养,充分整合区域体育旅游资源与文化资源,使优势旅游项目的发展空间进一步拓展,推动优势体育旅游现代化发展水平的提高。

为高质量发展区域体育旅游,将专业人才吸纳到体育旅游领域中,需要制订人才培养与引进计划,解决当前体育旅游人才队伍培养的主要问题,并加强不同区域体育旅游人才的相互交流与合作,使其取长补短,学习先进专业知识,为本区域体育旅游的发展作出贡献,最终促进区域经济的发展。

（4）体育旅游发展和区域产业结构升级的融合

区域体育旅游发展对区域产业结构升级具有重要影响,如区域体育赛事旅游的开发能够促进区域体育基础设施建设的改进与优化,从而对其他相关产业的发展与优化起到积极的促进作用。区域体育旅游的发展与区域产业结构的优化是相互促进、互利共赢的,调整与优化区域产业结构能够促进体育旅游发展空间的扩大。

区域体育旅游业集群的形成与扩大对区域产业结构升级、区域产业规模的扩大具有重要意义,加快区域体育旅游协同发展能够使区域产业结构布局更加合理,使区域经济进一步发展。

区域体育旅游的协同发展使区域产业结构的调整迎来了良好的机遇,但也面临着新的挑战,在机遇与挑战并存的当下,推动区域体育旅游与区域产业结构调整的深度融合发展,也能够使区域居民的高层次体验需求得到充分满足。

第二节　体验经济视角下体育旅游开发的可行性

一、体验经济时代的必然趋势

我国已经进入了体验经济时代,体验经济作为一种新的经济形态,它的出现是必然的,是不可逆转的,这是社会生产力不断发展的结果。体验经济的特点是以顾客为中心,对人们的消费心理、消费行为极为关注,而且在体验经济背景下,消费者的消费境界已经达到了精神层面,达到一种更高层次的消费境界。体验经济发展实践表明,随着人民群众收入的增加和经济实力的提高,他们的消费能力不断提升,在购买商品和服务时既想满足自己的物质需要,也想满足自己的心理与精神需要求,他们对商品与服务的体验价值越来越注重。

二、体验经济与体育旅游间关系密切

体验具有不同的维度,如图 4-2 所示。

图 4-2　体验的维度

上图中的几类体验是人们在物质需求满足后产生的一些内在需求，这些需要要在我们平时的生产生活中得到充分满足是比较难的。但是，我们可以通过参加体育旅游来满足这些内在需求，获得良好的体验。

体验与体育虽属两个不同的概念范畴，但两者有着密切的联系。按照当前较为趋同的观点，体验的维度可分为感官体验、情感体验、思维体验、行动体验和关系体验。这些日常生活中很难满足的内在需求，在体育活动中基本都可以轻而易举地获得，因为诸多形式多样的体育活动本身就是愉悦、独特、难忘的体验活动。体育旅游消费者在活动过程中能感受到体验经济消费者消费时所能领略到的诸如独特、难得、不可复制、不可转让、转瞬即逝的美好感觉。

另外，消费者对体育旅游活动的忠诚除了体育旅游产品和服务对消费者本身所起的重要作用之外，更重要的是多次参与后个体所获得的独特、美好感觉，不同消费者对这种感觉之于自身效用大小及价值意义有不同的主观评价（体验的主观评价特点）。在进行体育旅游消费时，消费者往往能沉醉其中，独自享受（自娱性特点）或通过与他人互动（互动性特点）来体会身心的满足与丰富，感受生命的意义，体验人生的美妙与价值。虽然体育旅游消费本身不是一种经济产出，不能完全以清点的方式来量化，也不能像其他工作那样创造出可以触摸的有形物品（体验经济的非生产性特点），但它所带来的积极影响对参与者而言其意义却是难以估量的（体验经济的高增值性特点）。

无论是体验经济维度抑或是体验经济特点，都可以在体育旅游消费中得到完整的诠释与表达，而体育自身所具有的诸多特征在体验中也能得以全面体现。两者不仅具有形式上的相似性,也具有内容上的同质性。因此体育旅游在开发与营销过程中可以突破现有模式,大胆借鉴并融入体验经济消费者"惯性"体验的形成规律及要素涉入,形成并强化民众在体育旅游消费时产生的奇妙感觉及难忘滋味,增强体验强度,提高体育旅游业经营效果。

三、我国拥有丰富的旅游资源与基础设备

我国幅员辽阔,地大物博,体育旅游资源非常丰富,既有丰富独特的自然旅游资源,也有充满人文气息和文化价值的人文旅游资源,从而为我国开发体育旅游业提供了良好的基础条件。

全国各地的自然旅游资源具有一定的特色,如北方冰雪资源丰富,适合开发冰雪旅游,南方海洋资源丰富,适合开发水上娱乐项目,如海浴、划艇、潜水等。另外,我国也可以利用丰富的森林资源、山地资源开发登山、攀岩、蹦极、森林浴等体育旅游项目,满足大众多元化的体育旅游需求。总之,得天独厚的自然条件为我国开发体育旅游市场增加了可行性。

从人文旅游资源来看,我国少数民族较多,民族、民俗体育旅游资源丰富,从而有利于开发人文类体育旅游项目。民族、民俗体育旅游项目承载着各民族、各地区精彩的历史文化和内涵丰富的民族民俗文化,颇具魅力,参与这类体育旅游项目,不但可以强身健体,还能对各地的民俗风情有一定的了解。如果我们能充分开发与利用各民族的独特民族民俗体育旅游资源,则将有利于我国扩大民族体育旅游市场,吸引大量的国内外旅游者,并提升旅游消费者的忠诚度。

丰富的体育旅游资源是我国发展体育旅游的前提条件,与此同时,完备的基础设施也为我国体育旅游的开发提供了物质基础保障。随着各地旅游业的蓬勃发展,旅游基础设施建设力度不断提升。旅游业发达地区从旅游者的体验需求出发,充分发挥地区的区位优势,不断完善配套娱乐设施建设,并将不同的旅游主题、旅游特色融入基础设施建设中,从而吸引了大量的游客,也进一步优化了体育旅游发展的基础条件,增加了体育旅游健康持续发展的可行性。

第三节 体验经济视角下体育旅游资源、产品及项目的开发

一、体验经济视角下休闲体育旅游资源的开发

休闲体育旅游作为旅游的一个重要类型,其本质也符合体验的内在规定性。我国地域辽阔,各地民族风土民情文化各异,在丰富的资源条件下立足体验经济理论开发休闲体育旅游资源,将为我国体育旅游持续健康发展起到积极促进作用。

当前,在体验经济环境下开发休闲体育旅游资源,具体可以从以下几方面着手。

(一)多元化开发,注重品牌体验化

体验经济最典型的特征是以货币来换感受、换体验、换快乐的一个过程。开发休闲体育旅游资源,就是通过有形的产品和服务让旅游者获得高度的情感体验。要达到这一要求,在开发旅游资源产品时,要体现出产品的差异性、参与互动性和挑战性,并充分考虑旅游者的多元需要,进行多元化开发,丰富产品的结构层次,以适应不同人群的需要。

(二)多样性促销,拓展市场

我国休闲体育旅游起步晚,众多资源还有待开发利用,旅游经营单位要广泛宣传、积极促销休闲体育旅游资源,特别是有特色的人文体育资源、休闲体育旅游设施和休闲体育旅游服务产品,不断拓展经营业务,立足本地,辐射周边,积极拓展国内外市场,通过广告、促销活动、公共关系等手段展示体验的舞台,创造休闲体育旅游产品和服务被旅游者深度体验的机会,提高体验口碑。

（三）完善配套服务

世间万物相互依赖、相互影响，引导人们参与休闲体育旅游，不是简单地让人们参与、体验就可以了，还要完善相关配套服务，保证人们在旅游中的安全、舒适和良好的体验感。具体见表 4-1。

表 4-1　休闲体育旅游相关配套服务

配套服务	具体内容
有形体育服务	体育服装 体育设备 ……
无形体育服务	体育指导 体育咨询 体育解说 ……
有关附属服务	环境卫生 场地设施维护 食、住、行、购 安全保障措施 ……

二、体验经济视角下特色体育旅游产品的开发

在体验经济理念下开发体育旅游产品，要将开发的重点放在满足消费者体验需求上，首先要考虑消费者的感受和个性化需求，把握好这一点之后，再思考要开发的体育旅游项目应该具备什么样的特征，怎样才能使开发出来的体育旅游产品满足消费者的需求。体育旅游产品的开发要有创新性，突出产品的独特性，使消费者通过体验旅游项目真正获得快乐和满足。所以对旅游企业来说，了解消费者的需求，明确产品定位，对符合体验经济时代特色的体育旅游产品进行开发是最为关键的。

在体验经济视角下开发独具地方特色的体育旅游产品，具体方式有以下几种。

（一）体验化开发

在体验经济形态下开发体育旅游产品,核心在于体验,企业应高度重视消费者的体验需求和个人感受,从而结合地方特色体育旅游资源来开发能够满足消费者体验需求的特色体育旅游产品。

在体验化开发中,既要满足消费者的体验需求,又要融入地方特色,从而使体育旅游产品的吸引力更强。不同消费者的体验需求是不同的,主要有性别差异、年龄差异、文化差异等,所以要先明确目标消费群体,然后专门了解他们的需求,这样设计出来的特色化体育旅游产品才更对口,与消费人群的需要更贴近。

（二）个性化开发

在体育旅游中,不同的旅游消费者对同一旅游项目可能会有不同的体验需求,而且随着旅游消费者规模的扩大,出现了各种各样的体验需求,如娱乐性的体验需求、刺激性的体育需求、休闲性的体育旅游以及历史性的体育需求等。面对各种各样的体验需求,企业应该如何开发体育旅游产品,关键是要突出个性,旅游产品的个性与特色是与同类产品对比体现出来的,与同类旅游产品对比要有个性、特色和优势,而且它的特色与个性要刚好与目标消费者的个性化需求相符,如此才能将旅游者吸引过来,刺激他们的消费动机和热情。

（三）情感化开发

在体验经济时代,体育旅游产品的消费主体主要是参加体育旅游项目的旅游者,体育旅游产品开发与应用是否成功,取决于旅游消费者的心理需求是否得到了满足。可见,对消费者心理情感需求的把握对旅游企业来说是很必要的。企业要先了解旅游消费群体的情感需求,了解他们的消费心理与消费情感,并对他们之前的消费方式作比较,然后以创造性的消费体验方式来吸引游客,开发情感化的体育旅游产品。当然,在开发中也要融入地方特色,使旅游消费者对旅游目的地产生深厚的情感。

（四）互动化开发

开发体育旅游产品时，要清楚产品的消费者主要是旅游群体，开发的旅游产品不仅要能满足旅游者的体验需求、情感需求和个性化需求，还要能满足他们的参与需求。也就是说，在产品设计阶段，要使旅游消费者有参与设计过程的空间和机会，企业与旅游者之间要有密切的互动，调动旅游消费者参与旅游产品设计的积极主动性，并将旅游者对产品设计的一些理念、看法、经验以及个人需求体现在产品中，表达对旅游者的尊重，这样可以最大程度地保证设计出来的体育旅游产品顺利出售，并能充分满足体育旅游消费者的需求。

三、体验经济视角下体验型体育旅游项目的开发与设计

依托体育旅游资源开发的体育旅游项目往往是各种体育旅游元素的综合体，它们经过规划与设计组合在一起，对体育旅游爱好者产生了很大的吸引力，并能刺激人们的参与和消费欲望，使人们在旅游过程中对项目的活力、魅力产生深刻的感受，留下难忘的经历。在体验经济视域下开发体验型体育旅游项目，利用体验理论为项目开发与设计提供理论支持与科学依据，能够进一步拓展旅游项目开发的广度，加深项目开发的深度。体育旅游项目的开发要以旅游者为中心，以服务为手段，项目要能使旅游者寻求新鲜感、刺激感等方面的体验需求得以满足。

具体来说，参照体验理论，在体验经济理念下开发与设计有创意的体验型体育旅游项目，一般要按照以下几个步骤来进行。

（一）分析项目开发地的环境

在某个地方对体验型体育旅游项目进行开发，首先要仔细分析该地的旅游环境，具体要从内部环境和外部环境两方面着手来进行全面而深入的分析，分析内容见表4-2。

表 4-2 项目开发地的环境分析

开发地环境分析	具体分析内容
内部环境分析（分析优劣势）	资源环境 物理环境 人力环境 经济环境 文化环境 政策环境 ……
外部环境分析（分析外部机遇与威胁）	市场需求状况 市场供给状况 市场竞争状况 ……

（二）评价项目开发地的旅游资源

设计与开发体验型体育旅游项目时,要别具特色,独具一格,但也要保持与旅游地整体环境与氛围的和谐。因此,在正式开发前要评价旅游开发地旅游资源的特色与价值,在第一步的环境分析中,具体是内部分析中虽然也提到要分析资源,但第一步的分析是总体的分析,而这里重点是在分析的基础上进行价值判断,通过判断,确定项目基调,然后结合当地旅游资源环境与氛围去设计项目,创设和谐的体验感十足的体育旅游项目的情境和意境,提高项目设计的艺术性和实用性。

（三）初步构思项目开发

在体验型体育旅游项目设计的初步构思中,要先设计主题(灵魂)、情节(红线)、布景(舞台)、角色(中心),从而进行一场别开生面的表演,这些设计要新颖,从而游客提供难忘的体验。初步构思中可能会产生多个方案,设计者要善于甄别各个方案的优劣,根据体育旅游市场开发状况和旅游地实际情况选择最佳方案,所选方案应该具有很高的成功概率和经济价值。

（四）项目设计

选好最佳构思方案后,要将构思落实为具体的创意,然后招标吸引投资。在项目设计阶段要将初步构思中的一些要素进一步细化、展开和完善,将每个细节用心做好,在整个项目的设计过程中贯穿体验理念,保证最终设计出来的项目是最能打动旅游者的成果。

（五）撰写项目策划书

做好前期工作后,开始进入项目策划书的编写工作,策划书的主要内容如图 4-3 所示。

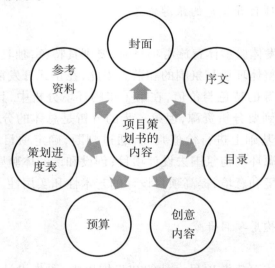

图 4-3　项目策划书的内容

1. 封面

明确策划主办单位、策划人员、日期、编号。

2. 序文

明确策划目的、构思、主体层次等。

3. 目录

明确策划书的结构。

4. 内容

明确策划创意内容。

5. 预算

做好预算规划。

6. 策划进度表

主要指项目活动进展的时间安排。

7. 参考资料

写策划项目书时参考的资料。

第四节　体验经济视角下区域特色体育旅游开发

一、体验经济视角下区域体育旅游开发的构思

我国地域广阔,不同地区都有丰富的自然资源和人文资源,各地可结合自身经济、区位、资源等现状而开发具有本土特色的体育旅游,并将其发展为本地优势体育产业。在自然条件优越的地区可以结合实际情况开发休闲体育旅游,同时可以将体育赛事与旅游结合起来,以赛事促旅游,以旅游促赛事,形成协同发展局面。当前,我国在体验经济背景下需重点加强"一带一路"沿线国家和地区的体育文化交流,加强体育合作,提高区域体育旅游协同发展效应,并大力推进特色体育旅游创新,促进特色体育旅游、体验旅游服务质量的提升和品牌质量的改进,并在现有基础上对新生品牌进行创造,使特色体育旅游产品与服务的附加值得以增加,促进消费者体验需求的进一步满足。

当前,我国区域体育旅游定位不够广泛,与其他体育产业相比还有一定的差距。体育健身、体育竞赛等体育产业项目基本实现了大众化,而且这些项目在发展中也走体验化之路,能够使人们的体验需求得到满足。相对来说,体育旅游还未形成大众化规模。体育产业在文娱产业市场中不具备竞争优势,很多人因为体育的专业性较强而不愿参与其中。因此,要发展体育产业,就要将娱乐的、旅游的元素融入其中,丰富体育产业的内容,创造多元化的体育娱乐和体育旅游产品,促进产业市场占有率的增加,如此才能使体育产业获得更广阔的发展空间,在文娱市场和旅游市场中发挥竞争优势。目前,我国体育旅游业缺乏开放性、规模性,体育部门应与地方相关部门协商,在体验经济环境下适当整合产业,实行兼并策略,促进体育旅游产业架构的健全,以持续发展体育旅游。在构建体育旅游发展架构时,尤其要关注其与其他体育产业的融合与协调发展,扩大体育旅游业的规模,促进地方经济结构的优化升级,这也是促进旅游业内涵不断丰富的重要举措。总之,体育旅游与其他相关产业的协同发展能够产生巨大的力量。

（一）区域体育旅游开发的原则

一般来说,在区域体育旅游开发中,要基于区域经济发展的方针政策、区域长远发展战略规划来确定开发思路,要在符合区域实际情况的前提下因地制宜地开发,产业开发既要实事求是,又要具有创造性。这就要求在区域体育旅游开发中严格贯彻以下几项重要原则。

1. 预见性原则

进行区域体育旅游开发,要以科学分析为基础和前提,并且要求进行有预见性的分析,但它绝不是脱离实际的凭空想象,预见性的分析能够给旅游开发者带来动力,振奋精神,同时这也能对旅游开发者施加一定的压力,使开发者将压力转化为动力,通过不断的努力去达到预期目标。

2. 可行性原则

区域体育旅游开发人员要先对区域的实际情况进行客观、认真的分析,对区域所处的发展阶段非常明确,对区域经济运行规律有清晰的掌握,从而立足区域实际,分析区域体育旅游发展的优势与劣势,然后确定可行性强的开发思路和计划。

3. 阶段性原则

在区域体育旅游开发中要立足长远,放眼未来,对区域体育旅游发展的延续性予以充分考虑,保证上一个阶段实施的体育旅游开发战略能够为下一阶段区域体育旅游的发展打好基础,从而通过逐步实现阶段性发展目标来实现长远发展目标。如果确定的开发思路能够实现本阶段的发展目标,但是会对长远利益造成影响,以损害长远利益为代价,那么这样的开发思路是不科学的,是错误的。所以,在区域体育旅游开发中要遵循阶段性原则,既要对本阶段的发展方向、发展重难点有准确的把握,又不能因为阶段发展目标过高而对长远发展之计造成不良影响。

4. 独立性原则

每个区域都具有层次性和系统性,而且是更大范围区域的组成部分之一,所以开发区域体育旅游,要先深入研究区域系统和区域层次,将个别区域与大区域的关系处理好,并以相对独立的思路将各区域的旅游资源优势充分利用起来开发体育旅游,这样也能强化独立区域体育旅游对周边地区的辐射功能,产生良好的带动作用,并最终促进大区域体育产业的整体发展,实现更宏伟的经济发展目标。

（二）区域体育旅游开发的基本思路

1. 在政府主导下走市场发展之路

我国体育旅游兴起的时间比较晚,发展还不成熟,结合我国社会主义初级阶段的国情,在体育旅游发展中需要走政府主导型的市场发展道路,主要原因有以下几点。

第一,我国市场经济体系和市场运行机制有待健全与完善。

第二,我国目前需要政府用政策、法律、资金来支持与保障尚不成熟的体育旅游。

第三,我国体育旅游的发展建立在国有、国办体育事业发展的基础上,我国体育旅游的水平和层次还不够高,需要政府进行物质投资和培育人力资源,充分发挥政府的主导作用。而且从对国有资产加以维护的角度来看也理应如此。

基于以上分析,政府应在我国区域体育旅游开发与发展中充分发挥主导作用,做好产业开发引导、长远规划、政策扶持、市场规范等工作,但不能过分干预体育旅游的市场化发展,要引导体育旅游按市场规律发展。

2. 区域体育产业的"点—轴—面"开发模式

(1)不同经济开发布局模式

经济发展水平不同的地区处于不同的经济发展阶段,如经济不发达地区处于点状经济发展阶段,中等发达地区处于轴线经济发展阶段,经济发达地区处于全面经济发展阶段。有些地区其经济发展水平和特征很难用一种经济发展阶段来准确概括,所以往往是不同经济发展阶段同时存在。处于不同经济发展阶段的地区在经济开发布局模式上也有不同的特点,各地必须从实际经济水平出发选择适合自己的开发布局模式,防止超前或滞后。以上三个经济发展阶段对应的经济开发布局模式分别是点状开发模式、轴线开发模式和全面开发模式。下面简单分析这三种开发模式。

①点状开发模式

这种经济开发模式下,将区域的中心城市作为经济开发的重心,将促进中心城市规模的扩大,使之达到最佳规模作为开发的任务。这种模式下的经济开发将产生鲜明的极化效应,聚集经济大力发展,为推动区域经济发展,不断致力于促进中心城市经济实力的提升。

②轴线开发模式

在轴线开发模式下,将区域内重大中心城市之间具有明显优势的轴线地带(资源丰富、交通便利等)作为经济开发的重心,将"以点带线",配置新的增长极点,逐步促进产业密集带的形成作为经济开发的主要任务。此时集聚经济仍然是主要经济活动,为推动区域经济发展,将不断促进轴线地带经济开发与实力的提升。

③全面开发模式

处于全面经济发展阶段的地区一般经济实力强大,在区域经济开发中采用全面开发模式就是要将消除区域内各地区之间的差异作为开发的重点,在区域内全面铺开进行经济开发,以消聚经济为主要经济活动,为促进区域经济稳定发展和持续增长,需在全区域内全面推进经济建设。在区域经济全面开发的过程中,还要不断创造条件来培植新的经济增长点,为新一轮的经济增长打好基础。

（2）"点—轴—面"开发模式

区域体育旅游开发属于区域经济开发的范畴,在区域体育旅游开发中同样可以参考区域经济开发的理论。从当前我国区域体育旅游的开发与发展现状来看,比较适用的开发模式是"点—轴—面"开发模式。现阶段,我国体育旅游发展较好的区域如京津冀、珠三角、长三角等基本都在采用"点—轴—面"体育旅游开发模式。起初,只是在区域内的一两个中心城市重点开发体育旅游,后来随着区域经济的不断发展,体育旅游开发逐渐向整个区域扩展,构建全区域体育旅游全面开发的宏观格局。中西部区域体育旅游开发也可以借鉴"点—轴—面"这一产业开发模式,优先在资源丰富、交通便利、有明显优势的中心城市开发体育旅游,作为"点—轴—面"模式中的"点",之后随着中心城市体育旅游的不断成熟,逐渐在点与点之间的次级城市形成点轴旅游产业带,开发产业带上的体育旅游产业,进而拉动区域体育产业的全面发展。

二、体验经济视角下区域特色体育旅游开发案例——西北生态体育旅游开发

（一）西北地区开发生态体育旅游的资源优势

西北生态经济带的地理位置和自然条件可以说得天独厚,这就造就了该地丰富的旅游资源。在西北生态经济带上,被誉为"塞上江南"的宁夏是黄河的发源地,黄河流经沿黄生态经济带的大部分地区,河流资源优势为当地开发水上休闲体育项目如游泳、划船、漂流、冲浪、龙舟等提供了良好的自然条件。西北生态经济带山林资源也很丰富,有贺兰山等著名景观,借助这一资源优势可以对登山、探险猎奇、滑草、攀岩等体育旅游项目进行开发。西北生态经济带的沙漠资源条件得天独厚,因此适合开展的体育旅游项目有滑沙、沙漠赛马、沙漠越野探险等。此外,西北生态经济带开发民俗类体育旅游项目也有资源优势,这主要体现在黄河文化、回族文化、西夏文化等文化资源方面。开发民俗文化旅游也是体育旅游发展的一个重要趋势。

总之,西北生态经济带凭借自身丰富的体育旅游资源和独特的优势在开发特色体育旅游项目、开拓体育旅游市场方面的潜力都很大。

(二)西北地区开发特色生态体育旅游的策略

1.改善生态环境、发展生态体育旅游

西北生态经济带上的地方政府应该积极调动一切力量切实做好生态环境的保护工作,如退耕还草、防风固沙等,以促进西北生态环境的改善与优化,为旅游者提供良好的旅游环境。开发西北生态经济带的体育旅游资源,必须摒弃不良开发行为和对生态环境有破坏性的行为,如滥采滥挖、过度开发等,只有尊重自然,爱护自然资源,树立可持续发展理念,才能将西北生态经济带的生态体育旅游开发得更好。

2.通过联合、互补增加体育旅游的市场份额

西北生态经济带在开发体育旅游,推动体育旅游产业发展的过程中,既要考虑本区域的经济现状,又有与周边地区加强横向合作,走联动发展之路。横向合作的原则是互惠互利,在合作中要建立资源共享机制,共同拓展市场,共同开发客源地。宁夏、甘肃、青海、陕西、内蒙古等地相邻,这些省区人文历史悠久,生态旅游资源丰富,应发挥西北生态经济带的地理优势,促进这些省区密切合作,共享旅游资源,形成良性的资源互补效应,同时相互之间还要保持旅游信息沟通的通畅性,互相为对方输送客源,以扩大各自的体育旅游市场规模。有关部门要针对西北区域体育旅游开发制定区域联动发展方案,加强营销互动、资金联动、资源互补、客流联动,同时在区域旅游市场的开发与拓展中采用现代网络技术来提高网络营销的效率,以创新化的发展与管理机制来为西北生态经济带体育旅游的可持续发展提供方向与指引。西北生态经济带的旅游部门、体育部门在开发体育旅游资源的过程中,还要注意与相关产业部门的合作,建立部门间的联动机制,从而实现相关行业的协同发展,提高协同管理效率。

另外,西北生态经济带要将本地区特色鲜明的体育旅游产品全方位、多角度呈现给游客,积极调整体育旅游产品结构,将回乡体验游、穿

越沙漠游等作为重点宣传的旅游项目,使游客看到西北体育旅游的独特性。西北生态经济带的体育旅游景区及有关行业部门还应积极参加国内外旅游交易、交流活动,从宏观层面上加强统一布局,将丝绸旅游线路、西部帝陵旅游线路推向国际旅游市场。

3. 探索体育非遗旅游开发模式

(1)政府主导,提供政策支持

西北地区非常重视发展旅游产业,并明确提出要把这一产业"做大做强",西北各地旅游发展委员会充分发挥自身职能,为旅游区招商引资,跨行业整合优势资源,结合地方资源优势制订发展规划,建设旅游示范区,出台一系列新政策来支持西北生态经济带旅游、体育旅游及非遗旅游的发展。为推动体育非遗旅游的发展,相关景区要与体育非遗传承人展开合作,从市场化角度开发体育非遗资源时充分发挥传承人的作用,以保护非遗资源,以免因开发不合理造成很大损失。

(2)发挥传承人的作用

适当开发西北生态经济带的体育非遗旅游资源,加强非遗传承人与景区的合作,这样能够保护非遗资源,也能提高景区非遗旅游资源的影响力。但要注意避免产生利益分配的矛盾,旅游景区可通过技术入股的方式邀请传承人合作,在这个合作关系中倡导"获利分配",这样能够消除传承人的顾虑消除。获利分配方案的制定应由旅游景区和传承人共同完成,双方签署合作协议,明确各自的权利、职责及获利,避免出现利益纠纷问题。技术入股、获利分配的合作方式充分保障了西北生态经济带体育非遗旅游资源的深度开发,也能使这一地带体育旅游景区的品质得到提升。

(3)加大人才支持力度

人才支持是西北生态经济带开发体育非遗旅游一个重要保障。西北生态经济带开发体育非遗旅游资源需要有专业的旅游人才,包括体育表演人才、体育产业经营人才、体育活动编排人才等。这些人才能够在创编体育非遗剧目、改良体育非遗资源、设计民族体育用品中发挥自己的价值与优势。另外,软件开发人才、网络技术人才也很重要,这些人才主要在体育非遗旅游产品的网络营销中发挥作用。鉴于专业人才的重要性,西北生态经济带在体育非遗旅游的开发中应特别重视对专业人才的培养。

4. 加大宣传促销力度

宣传不到位、促销乏力是影响西北生态经济带体育旅游发展及管理的一个重要因素。要想使西北生态经济带的体育旅游实现持久发展，就必须采取"走出去"的发展战略，创建能够代表本地旅游特色和旅游优势的品牌，在旅游宣传中确定一个吸引人的主题，扩大宣传面，加大促销力度。

在针对体育旅游项目的宣传促销中，可发挥各地的旅游资源优势，走联合互动的宣传道路，建立西北旅游联合体，构建特色化体育旅游经济圈，为宣传生态经济带的体育旅游项目提供一个更大的平台。具体来说，可采取的宣传促销手段有建立西北生态经济带体育旅游互联网站；设立西北体育旅游频道；开展体育旅游宣传促销活动和市场巡回宣传活动，形成辐射效应；和客源地友好往来，不断巩固已有客源市场，同时积极培育新的客源市场。总之，西北生态经济带在宣传促销方面应做到多角度宣传、全方位宣传，将软宣传与硬宣传结合起来。

5. 完善体育旅游管理制度和管理规范

（1）完善管理制度

针对目前西北生态经济带体育旅游管理制度存在的问题，各企业要不断强调本地体育旅游的特色，树立品牌，为继续完善体育旅游管理制度打好基础。

（2）统一管理规范

缺乏管理规范导致西北生态经济带体育旅游企业的发展思路存在差异，短时间内这种差异不能明显缩小，所以有关部门应树立产业标杆，使体育旅游产业的管理规范逐步趋于统一。

6. 强化风险防范与科学管理

（1）强化综合治理

加强综合管理与治理体育旅游风险，需要有关部门建立健全法律体系，严格提出防范管理要求，明确西北生态经济带旅游企业与管理者各自的职责，形成联动机制，以加强对旅游风险的预防。

（2）增加技术投入

风险防范需要技术手段作保障，这就需要投入大量的技术设备。西北各省相关部门应该严格选拔专业技术人员,重视对专业技术人员的培养,加强专业技术培训,使专业人员对体育旅游设备进行常态化检修,并针对各类风险及时出台应急处置方案,有序开展风险预防与管理工作。

第五章 | 体验经济视角下典型体育旅游市场开发与发展研究

在体验经济视角下开发体育旅游市场，加快体育旅游发展，可以先从典型旅游项目寻找突破点，探索具有代表性的体育旅游项目在体验经济时代的发展路径，从而积累经验，树立典型，为更多体育旅游项目的市场开发提供借鉴与参考。本章将基于体验经济视角研究典型体育旅游市场开发与发展的策略，具体涉及体育赛事旅游、山地户外体育旅游、滨海体育旅游、冰雪体育旅游、少数民族体育旅游以及高端体育旅游。

第一节　体育赛事旅游市场开发与发展

一、体育赛事旅游的显著优势

体育赛事旅游资源本身有着显著的优势，主要表现在以下几个方面。

（一）对旅游群体有更加广泛、强劲的吸引力

当前，人们的生活、工作节奏都是非常快的，压力比较大，这就促使很多人希望能够在有限的节假日中，选择一些能够远离日常生活环境的活动，在轻松新鲜的环境中得到有效的放松，也使回归自然的归属感得到较好的满足和体验，同时，自身健康状况也会因此而有所改善。由此可以看出，体育赛事作为一项旅游活动，能够很好地满足消费者的上述要求，这一点是毋庸置疑的。[①]

体育赛事的举办地，对旅游者的吸引力有两个方面，一个是各项体育赛事的吸引力，旅游者可以参观也可以参与；另一个是该城市景区景点的吸引力。

（二）能使传统旅游资源的不足得到有效弥补

大型的、具有市场号召力的体育赛事的吸引力仍然是比较大的，尽管举办地自身旅游资源较为缺乏，还是会有大量的旅游者前来。这是因为，这时候旅游者前来的主要目的是观看或参与体育赛事活动，在当地景区进行旅游已经成为次要需求，由此可以看出，他们旅游的主要目的就在于观看或者参与这样一场大型的体育赛事活动。

---

① 周海澜，罗露，郑丽.体育赛事推动体育旅游协同发展研究——以贵州遵义娄山关·海龙囤国际山地户外运动挑战赛为例[J].体育科技文献通报，2016，24(05)：35-37.

（三）旅游后续效应较为显著

事实证明,大型体育赛事的举办,给举办城市带来的旅游效应是非常显著的,这种旅游效应,有直接的部分,也有后续的持续影响力,前者主要是指赛事举办期间所创造的效应部分;后者则是指大型的体育赛事活动吸引各方旅客所带来的信息,从中能够发现很多的规律和商机,并由此进行新的旅游产品和项目的开发。某种意义上来说,一场成功的体育赛事过后,主办方都会通过对参观者进行相应需求的调查,并且以此为依据,再进行后续活动的策划和组织,将广受关注和好评的活动作为特色项目长期保留下来,加大对旅游者的吸引力。这在某种程度上也为体育赛事赋予更多的人文意义,并且通过举办大型的体育赛事活动,使城市的基础设施得以完善,社会环境得到优化,增加旅游消费者的忠诚度和美誉度。

二、体育赛事对体育旅游的影响分析

体育赛事的举办和发展,对体育旅游的影响是非常显著的,这种影响力在体育旅游的很多方面都有所体现,如对体育旅游城市的影响、对体育旅游产业发展的影响以及对体育旅游产品开发的影响等,具体如下。

（一）体育赛事对体育旅游城市的影响

通过体育赛事的举办,来达到拉动我国城市旅游业发展的目的,与此同时,还制定了"体育赛事 + 旅游业"的发展策略,这也已经成为越来越多的城市发展自身品牌的一种策略。具体来说,体育赛事对体育旅游城市的影响体现在以下几个方面。

1. 充分发挥出政府职能

政府部门可以通过加强与体育产业集团的合作来有效发展体育产业,这对于体育产业的可持续发展是有所助益的。通过大型体育赛事的举办,来达到对城市旅游的大力宣传和发展,与此同时,还要积极借鉴国内外体育营销城市的先进经验,并消化吸收。除此之外,还要结合当地的实际情况,做好品牌建设工作,地方体育、旅游等部门要充分发挥各自职能,促进互动发展,打破体育、文化、旅游等各部分分开管理的壁垒,形成融合发展的思路。[1]

2. 依照城市的特点来举办相应的体育赛事

体育赛事的举办对于城市旅游的发展也有积极的推动作用,从效应的角度来分析,体育赛事与城市形象的契合程度越高,对城市经济拉动效应就越大,但不同类型的体育赛事的特点不同,对城市产生的影响也会有所差别;不同城市的特点各不相同,因此,这就决定了并不是所有体育赛事都能与之相适应。这就需要对要举办的体育赛事进行筛选,只有与举办城市的特点相契合的赛事才可以,避免申办行为的盲目性。

3. 合理规划并建立体育赛事的运行机制和创新机制

通常,大型体育赛事的实际举办时间是比较短的,但是,前期的申办、筹办时间却都比较长,这就要求地方政府对赛事的申办和举办要进行长远的战略性规划。现在体育赛事办赛渠道一般来自赛事公司,盈利是他们首先考虑的重要因素,因此往往会忽略了对提升城市形象方面的考虑。另外,旅游创新机制是限制目前中国城市体育价值最大化的一个很重要的症结。因此,对于未来的体育产业发展来说,其生存发展之道应为:合纵连横,跳出体育看体育,在文化创意产业的大帽子下,探索模式进行商业创新。

4. 对专业人才培养与体育旅游的健身作用同等关注

从当前的发展状况来看,培养一批从事体育产业的优秀团队和领军人物,加快专而精的管理人才培养是体育赛事旅游发展的当务之急。目前,体育产业经营管理人才匮乏,各地市专业人才较为欠缺,这已经成为普遍存在的重要问题。这就要求,要尽快建立中介代理公司,加强高校体育专业与旅游专业的合作,设立体育赛事旅游专业。与此同时,还

---

[1] 张玉兰.大型体育赛事对秦岭南麓旅游城市的影响分析及策略研究[J].渭南师范学院学报,2015(10).

要做好体育赛事旅游方面优秀人才的选拔、培养和培训工作,使他们尽快掌握体育赛事旅游的基本技能。如此一来,能够使行业急需的体育旅游专才短缺的问题得到妥善解决,同时,还会对赛事旅游的服务质量的提高起到促进作用。①

5. 对体育赛事旅游相关资源加以整合

整合资源就是通过一定的方式或者手段,来对一定区域中闲置的或未得到最优配置的资源进行进一步的挖掘、合并、转移、重组,从而使资源配置的效益最大化,将其促进经济发展的作用充分发挥出来。

通常,可以将体育旅游资源分为三大类:一是游客参与的体育项目,典型的体育项目有滑雪、攀岩、登山、漂流、探险等;二是体育赛事,这一类型资源的主要作用是增强游客视觉冲击力,满足身处赛事现场的体验感,让观众真正领略体育魅力;三是体育文化景点。另外,对体育旅游资源的整理主要包含两个方面,一个是对体育旅游景区资源的整合,一个是对体育旅游宣传资源的整合。

(二)体育赛事对体育旅游产业发展的影响

1. 能使举办地的国际、国内知名度有所提升

体育赛事的举办,会对世界范围内的众多参赛选手有很大的吸引力,同时,许多热爱体育运动的观赛游客也会慕名而来。由此可见,体育赛事的举办,对赛事举办地起到了一个很好的宣传作用,加深了人们对该地自然环境景观的了解。这也使得赛事举办地在国内甚至国际上的地位和知名度有了一定的提升。

2. 政府的政策与资金投入会有效推动体育旅游的发展

在体育赛事举办前期,政府和主办单位以及相关部门,会提供专门

---

① 张玉兰.大型体育赛事对秦岭南麓旅游城市的影响分析及策略研究[J].渭南师范学院学报,2015(10).

的一些政策支持和资金投入。① 如此一来,不仅降低了当地发展旅游产业的制度成本,还会使赛事举办地的道路、酒店之类的基础设施建设得到有效的完善,从而使举办地的旅客接待能力也有所提升,进而也间接提升了该地区的招商引资能力。

（三）体育赛事对体育旅游产品开发的影响

人们的消费观念和消费方式会随着社会经济的不断发展而发生变化,当前,已经逐渐进入了一个休闲以及体验经济时代,因而在发展体育旅游方面,对体验型旅游产品的开发逐渐成为关注的重点。所谓体验消费,强调的是引导消费者为新奇、刺激买单,这也逐渐派生出了一种具有新奇且富含刺激的消费项目、商品、服务的新型的消费方式。当前,在体育旅游产品的开发方面也将这种体验型体育旅游产品的开发作为未来发展的一个重要方向。

三、体验经济视角下体育赛事旅游的开发与发展策略

体育赛事旅游的未来发展前景是非常广阔的,因此,为了保证其可持续发展,需要采取一系列的策略,具体来说,可以从以下几个方面着手。

（一）加强优秀运作团队的建设和专业管理人才的培养

体育赛事运作团队和赛事管理人员直接影响体育赛事的举办质量。在竞争激烈的市场经济环境中,我国体育赛事运作团队及相关管理人员的观念落后,能力不足。有时为了完成赛事任务,只得临时抽调一些业余人员组成团队,这导致在赛事举办过程中不断出现一些意外状况和问题,这对体育赛事的持续、健康、科学发展是不利的。对此,我们应采取"引进来、走出去"的战略,多引进懂经营、善管理的体育赛事管理人才,并组织有关人员主动"走出去",多学多看,积累经验,取长补短,此外还要注重多培养年轻的体育赛事经营管理后备人才,从而形成一个综合素

---

① 周海澜,罗露,郑丽.体育赛事推动体育旅游协同发展研究——以贵州遵义娄山关·海龙囤国际山地户外运动挑战赛为例[J].体育科技文献通报,2016,24（05）：35-37.

质高、专业素质突出以及实践经验丰富的赛事运作团队,为体育赛事的可持续发展保驾护航。

(二)树立科学的体育赛事旅游市场运营管理理念

1.项目管理理念

任何项目都有自己的生命周期,生命周期指的是从项目开始到项目结束的整个过程。体育赛事虽然是一次性活动,但它也有开始,有结束,体育赛事项目的生命周期也是一个从开始到结束,围绕创造体育赛事产品和提供体育赛事服务而筹备、开展一系列活动直至活动结束的过程。

从狭义上来看,体育赛事从开始举办到赛事结束就是一个完整的体育赛事项目生命周期。从广义上来看,为了举办体育赛事而进行的一系列建设以及赛事结束后涉及的很多问题如运动场馆的运营等也都在体育赛事生命周期的范围内。一般举行大型综合性体育赛事时,可以从广义上理解体育赛事的生命周期。体育赛事项目生命周期是一个包含计划、组织、实施、控制、协调和评价等一系列管理活动的系统过程。

2.统筹规划理念

体育赛事运营管理不仅涉及体育竞赛活动本身,还与赞助商、媒体、后勤等多方面有关,所以必须做好统筹规划,这是体育赛事顺利运作的基础保障。体育赛事运营管理团队的管理能力和业务水平可以从其对体育赛事运营的整体规划程度上体现出来。在统筹规划理念下对体育赛事进行统筹管理,有助于顺利举办体育赛事,取得理想的经济收益,使相关利益主体对赛事均感到满意。

体育赛事运营中如果做不到统筹规划,将会阻碍赛事的顺利举办,特别是会影响赛事运作后期各个环节的连贯衔接,而且会出现管理混乱的局面。统筹规划要求对赛事的各个环节都要认真考虑,忽略任何一个环节,都会影响一部分人的利益,使相关利益主体产生不满情绪。

3. 节俭办赛理念

节俭办赛是体育赛事管理的一个重要理念,这里首先要说明一点,提倡节俭办赛事,意思不是简单办赛,也不是说对赛事质量不重视。这一理念强调将所有可利用的体育资源充分利用起来,发挥每个资源的价值,拒绝浪费,拒绝华而不实,拒绝形式主义和面子工程。节俭办赛理念可在场馆建设、交通、餐饮等方面予以落实。

在场馆建设方面,将现有的场馆设施资源充分利用起来,修建新场馆要考虑实用性和利用率。

在交通方面,将公共交通资源充分利用起来,安排固定班次的车接送运动员往返于赛场与住所。

在餐饮方面,宣传节约和光盘行动,宣传地方特色美食,考虑大多数群体的口味和运动员的特殊饮食要求。

辽宁在 2013 年举办第 12 届全运会期间就倡导节约朴素,在场馆建设方面优先考虑可直接利用的现有场馆,再考虑对已有场馆的改建,最后考虑新建新场馆,即使新建,也倡导简修、临建、可持续使用,这充分体现了节俭办赛的理念。

北京申办 2022 年冬奥会的过程中也提出了节俭办赛的口号,为了响应这一号召,在筹办冬奥会期间,在贯彻可持续使用原则的基础上进行场馆建设,不为了面子工程而重复建设、铺张建设。此外,交通、媒体等各方面无不强调节俭和人性化,这些做法值得体育赛事组织单位借鉴。对于节俭办赛管理理念的贯彻有助于弘扬中华民族勤俭节约的美好品德,有助于促进体育赛事的可持续发展,也有助于使广大人民群众的利益得到保障。

4. 效益优先理念

效益优先理念主要体现在体育赛事运营管理中对体育赛事资源的合理配置上,资源配置要贯彻这一理念和原则。体育赛事的类型不同,所期望获得的收益也就有区别。商业性体育赛事的运作以获得经济效益为目标,市场运作手段也主要是商业化手段,以最大化地获取利润。公益性体育赛事作为一项公益事业,其运作以获得社会效益为目标,主要由政府出资办赛。不管是什么类型的体育赛事,不管要获得什么样的效益,都要在效益优先的理念下筹划与开展体育赛事,这个理念要贯穿于体育赛事运营的各个环节中。

在体育赛事运营管理中贯彻效益优先理念,要求合理使用财力、物力资源,优化配置人力资源。赛事组委会要做好详细的预算,清楚每笔开支的用途,对财务报销制度予以设立,以保障每一分钱都用到了实处。对于物力资源的使用,设立专门的人员负责管理,对每项物资的使用情况都要记录下来,充分发挥各项物资的价值。关于人力资源的配置要做到一人一岗,确保每个人都能在适合自己的岗位上发挥自己的专业优势,杜绝尸位素餐的现象,对人力资源的优化配置有助于促进体育赛事各项工作效率的提升。

5. 绿色环保理念

体育赛事运营管理中越来越强调绿色环保理念,倡导保护环境,杜绝污染与破坏环境的行为,对于环境问题要从源头上解决。绿色环保的办赛理念在北京奥运会上得到了充分的体现。在这一理念的指引下,有关部门与市民共同致力于绿色城市的建设中,经过政府与市民的努力,北京成为颇受世界欢迎和被外国友人赞美的美丽奥运城。在体育赛事运营管理的过程中对绿色环保管理理念的践行主要体现在以下几个方面。

第一,在体育硬件设施的建设中树立环保和可持续发展理念,在物资采购、物流运输、工程建设中予以落实,尽最大可能保护生态环境,将赛事对环境的负面影响降到最低。

第二,借助体育赛事的平台宣传环保的重要性,进行环保教育,鼓励体育赛事参与者用实际行动保护生态环境,对体育人口的环保意识进行培养,促进体育赛事与生态环境建设的协调发展。

第三,赛事组委会积极响应政府的环保号召,对政府部门的环保工作配合政府,通过保护环境来实现体育赛事和社会经济的可持续发展。

我国在 2022 年冬奥会赛事筹备过程中自觉践行绿色环保理念,如北京政府部门积极解决雾霾问题,将此作为一项重点工程来抓,经过坚持不懈的努力,北京 $PM_{2.5}$ 的平均浓度呈现出明显的下降趋势。北京还就此推出了空气清洁行动计划,从宏观战略上解决环境问题。北京与周边省区联合预防、控制与治理环境问题,形成联动机制,提高办事效率。北京积极致力于新能源的开发,并要求给环境带来严重威胁的企业停业整治,倡导这些企业对新能源的利用,减少对传统能源的依赖性,同时还要多开发与利用可再生能源。"低碳奥运专区"在张家口的建设也体现了我国对绿色环保理念的大力贯彻,张家口政府努力开发可再生资源,使这些污染少的资源能够在冬奥会来临前被充分运用到崇礼区的有关行业中。此外,我国不仅积极治理环境问题,也大力强调预防环境污染的重要性,在冬奥会筹备阶段大力宣传环保,促进全社会环保意识的提升,使人人都能在日常生活中自觉规范自己的行为,不做对环境有消极影响的事,从点点滴滴来维护我们的家园。

我国对绿色环保理念的践行充分体现了我国下定决心建设"美丽中国",并有信心能实现这一宏伟目标,建设美丽中国将会给广大群众带来福祉,也有助于赛事的宣传。

（三）大力宣传与传播体育赛事

体育赛事能够将大量观众的注意力吸引于此,企业单位能够借助该平台推广自己的品牌与产品,这是体育赛事商业化发展的关键。在现代体育赛事的商业化运作中,媒体对赛事的宣传、转播能够满足观众的观赛需要,使观众及时获取赛事相关信息。不仅如此,媒体对赛事的宣传与传播还对大众的思想与行为有引导作用,使大众将体育锻炼、观赏赛事作为自己生活的主要内容之一,从而为体育赛事文化的发展营造良好的环境与氛围。可见,对体育赛事的宣传与传播非常重要,这方面要重点做好以下工作。

媒体要及时、广泛、深入地开展对体育赛事的宣传工作,通过宣传将体育赛事的魅力充分彰显出来,以赢得更多商家的积极合作,使得各利益主体借助赛事这个平台相互合作、协调配合,通过全面宣传达到共赢的目的。此外,在赛事举办期间对兼具便捷性、广泛性、实时性于一体的网络宣传平台加以利用,可以达得更好的宣传与传播效果。

体育赛事对媒体传播有很高的要求,具体表现在对媒体设备、媒体专业人员的要求上。培养优秀的专业人才,不仅要让他们懂基本传媒知识,包括编辑、策划、管理、主持等,还要结合体育赛事的特点对其体育法规、体育新闻媒体、计算机网络技术、网络传媒、体育精神等知识与精神素养进行培养,只有专业人员业务能力过硬,才能获得预期的赛事宣传与传播效果。

（四）加强体育赛事文化建设，增加对游客的吸引力

1. 提升赛事举办地的环境质量

各大城市在争取赛事举办权时，有关体育部门会对城市的环境质量进行考察，城市环境代表的是城市的形象，能够给人们留下深刻的印象，所以加强环境质量监管很有必要，如净化空气，增加绿化面积等。

在体育赛事筹备期间，主办城市必须严格加强空气质量管理，调动全社会的力量共同努力保护环境，对于违法排放废气的企业要给予处罚，并监督这些企业按照规定整改。地方政府要向居民宣传环保的重要性，促进大众环保意识与自觉性的提升。居民应配合政府部门的工作，响应号召，用自己的行动来为建立美好的城市形象贡献一份力量。有关企业要严格按照规定排放污染物，及时进行设备更新，尽可能使用节能环保的材料。

赛事举办地还要适当增加城市绿化面积，在运动场馆周边和游客集中的地方加强绿化带建设，并注意监测环境的质量，积极落实环保政策与应对环境污染的策略，这有助于为体育赛事的顺利举办提供良好的环境与氛围。

2. 促进赛事举办地公共卫生服务质量的提升

举办体育赛事期间，大量人群聚集在特定区域，区域人口密度大，容易造成疾病传播，所以提高赛事举办地公共卫生服务质量很有必要，而这离不开地方政府的支持，政府支持力度决定了地方公共卫生事业的发展水平。政府支持主要体现在财政支持上，通过增加财政支出来促进公共卫生服务设施的完善，改善公共卫生服务质量。

举办大型体育赛事难免会有一些突发事件，为了尽可能预防这类事件的发生或减少突发事件造成的损失，要特别做好预防预警工作，对相关工作人员应对与处理突发事件的能力进行培养，从而及时遏制突发事件的发生与损失，保障体育赛事的顺利进行。

3. 严惩违背体育精神的现象，净化风气

第一，违背体育精神的不良现象如黑哨、假球、兴奋剂等严重影响体

育赛事文化的发展,也打击了人们的体育热情。因此,对于此类事件,必须严肃处理,保障体育赛事的公平与公正。同时要加强对运动员及体育工作人员的道德教育,提升其体育道德素养与体育职业素养,并将道德教育与法制教育结合起来。

第二,对全民文化素养进行培养,促进赛事举办地人民责任心和主人翁意识的提升。赛事举办地的城市形象能够从这座城市中居民的文明程度、素质高低、能力大小等各方面体现出来,居民有了责任心和主人翁意识,就会自觉为城市的环保、安全、公益作出努力,尽自己的力量来美化与维护城市形象。要特别重视对服务业者职业道德意识的培养,促进其服务质量的提升,从而使运动员、观众、游客对城市留下美好印象。

第三,城市形象是由多方面组成的,其中就包括政府形象,所以政府要以身作则,勤政廉洁,与群众建立好关系,获取人们的支持和信任,激发群众维护城市形象的热情。

4. 加强治安管理

（1）开展安全教育

在举办体育赛事的过程中,要加强安全教育,提高人们防范与处理突发事件的意识与能力,保障赛事顺利进行,保障运动员、观众及其他相关人员的安全。

（2）完善制度

体育赛事是一个综合的复杂系统,所以建立与完善体育赛事的安全防范制度要涉及多个领域,包括医疗卫生、公安消防、质检管理等。只有规章制度明确且合理、系统且完善,才能更好地开展安全防范工作,维护比赛场地安全和城市公共安全。

第二节　山地户外体育旅游市场开发与发展

我国丰富的山地资源为我国开发山地户外体育旅游提供了良好的

条件,在体验经济时代下,开发山地户外体育旅游市场,促进山地户外体育旅游的发展,可具体采取以下策略与方法。

一、建立山地户外体育旅游标准体系

山地户外体育旅游产品的开发应将开发活动和经营行为视为同等重要的方面,并且应提供有可供企业后续经营参考的管理标准,据此再最终确定企业管理的实用标准。现如今,利用山地资源开展的户外体育旅游活动普遍受到人们的青睐,人们非常热衷前往拥有优质山地资源的地区参加相关体育旅游活动。活动过程中人们还越发关注自身的生命财产安全问题,以及是否能获得满意的服务质量。在这种情况下,一些附有权威评价的标识可以帮助他们确定到底参加哪个山地户外旅游基地提供的旅游产品或服务。

从整体上看,包括山地旅游在内的户外体育旅游标准体系是一个非常庞大且复杂的系统。具体可如图 5-1 所示。

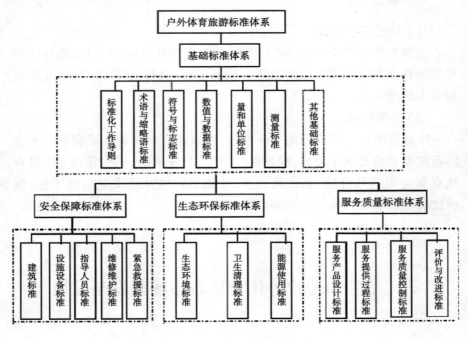

图 5-1 户外体育旅游标准体系①

---

① 钟天朗.体育服务业导论[M].上海:复旦大学出版社,2008.

户外体育旅游标准体系中的第一层是基础标准体系,其下含的七大方面即为体系的第二层。这七大方面标准之于整个体系来说构成了其框架,在此框架下的第三层包含了安全保障、生态环保和服务质量等三个标准体系,每个标准体系还可再度细分。不同的体育旅游企业可根据自身情况和经营特色,并参考图中体系结构确定自身的细化标准。

具体到山地户外体育旅游活动来说,大多需要在山地区域内建立起一个大本营,这个营地的建设标准即可按照安全保障标准体系中的建筑标准执行,其他相关设施设备的标准可参照设备设施标准执行。如活动需要在专业人员的指导下进行,则指导人员也应符合指导人员标准中的要求来安排,如配备足够数量的指导人员,指导人员应具备的行业资格等。

二、开发山地户外网站运作模式

现如今,我国已经有越来越多的以户外体育旅游及其周边内容为主题的网站建立起来。这些网站是体育旅游爱好者汇聚的地方,网站中一般会常设与户外体育旅游相关的新闻、论坛、问答、知识介绍等板块。不仅如此,网站还经常为广大"驴友"提供优质的户外旅游资源,组织各种规格的户外体育旅游活动,为山地户外旅游爱好者提供了更多活动选择。另外,在户外体育旅游活动开展得越发火热的今天,一系列以汇集优质户外旅游用品信息的网站也应运而生。这类网站网络了当下知名户外用品品牌,为相关品牌的新产品做推广,甚至其中还有对不同品牌同类产品所做的产品评测等文章或视频。

由此可见,开发山地户外网站运作模式是拓展活动影响力的绝佳方式,其所具有的独特运作模式可如图 5-2 所示。

通过结构图可以看出,在该网站运作模式中政府不再像过去那样承担着裁判员的职责,而是以一个辅助者的角色做好自己的协助工作,并为促进山地户外体育旅游市场的发展做好协调各方关系和资源调配等工作。其余各方在发挥了各自的功能后,便可以为户外旅游爱好者搭建起一个广阔的活动平台,而活动的组织方或服务的提供方也可以从中收获足够的经济利益。

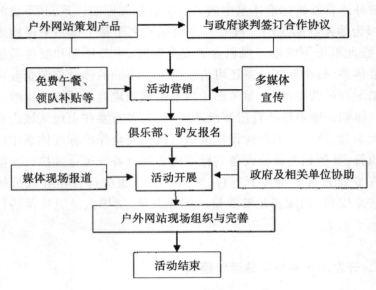

图 5-2　户外网站运作模式 [①]

三、加强对营地的规划和管理

　　人们参加山地户外旅游活动时总是需要在户外宿营的。宿营活动能够给旅游者带来更为贴近大自然的感觉，但这种感觉是否良好还需要有一个标准化的宿营地作保障。一个质量较高的，按照相关标准建立的宿营地才能给旅游者带来整洁、宁静的宿营环境，只有这样才能让旅游者感到满足。为此，建立起一个优质的宿营地，并对其进行严格的管理，无疑是为山地户外体育旅游活动提供的一个无比重要的硬件基础。

　　目前，我国体育旅游市场中在营地的规划和建设上还处于发展的初期阶段，其中在很多标准方面尚没有完全确定。要知道，这项工作并不是建设方一家的事情，它还涉及政府、景区方面的规划与管理。由此可见这是一项需要综合考量的建设项目，为了使建成的营地符合使用标准，还需要配套提供食品、医疗、交通等供给体系，过程中还要避免一些风险。建设起一个合乎标准的营地的最终目的还是给游客提供满意的服务和优质的体育旅游体验。

---

①　刘勇.体育市场营销[M].北京：高等教育出版社，2007.

户外体育旅游本就是人们追求与大自然贴近的一种活动形式,能够宿营在自然当中也是一种内心需求和较大的活动期待。现如今,低碳环保理念深入人心,在山地户外体育旅游活动中也融入了低碳行的理念,随即成为户外旅游活动的重要特征之一。在此理念的促进下,政府和体育旅游企业可利用各种传播手段或渠道向体育旅游者宣传环保理念,并督促景区加强对营地环境的生态保护管理,这对营造起一个干净、整洁、环保、绿色的营地环境也是有很大帮助的。

四、收集旅游者的反馈信息

随着体验经济理念逐渐地传播开来,人们在选择体育旅游产品时又增添了新的方法,即体验式消费。体验式消费理念使旅游者越来越重视自身在活动中的实际体验,他们中的许多人会在一段旅行结束后对活动作出评价和反馈,如写游记或对旅游产品的情况进行点评等。从中我们可以发现,由于旅游者的价值观不同,对一项活动所获得的感受也就不同。体育旅游企业应注意收集这些来自消费者的反馈信息,以此作为日后调整管理策略和完善产品的依据,力求不断增加旅游者对旅游产品的满意度,这使得产品在市场中也愈发具有竞争力。

第三节　滨海体育旅游市场开发与发展

滨海体育旅游是一种集体育旅游、休闲度假于一体的综合性高端产品。我国滨海资源丰富,这就为滨海体育旅游发展奠定了物质基础。为促进我国滨海体育旅游市场的开发与发展,特提出以下建议。

一、明确滨海体育旅游市场开发的指导思想

（一）以人为本

依托于滨海自然资源而开展的滨海体育旅游活动集合了休闲、娱乐、体育要素于一体。要想将滨海体育旅游市场打造得更加红火，除了高效开发滨海自然资源外，还需要以坚持"以人为本"的思想为指导。实际上，"以人为本"的思想与热衷于参加滨海体育旅游活动的旅游者的愉悦身心、修身养性等需求是非常吻合的。滨海体育旅游开发方也要在这一思想的指导下开发好滨海旅游项目所需的软硬件，合理设置体育旅游项目，以此切实培育好滨海体育旅游的市场。

（二）本土化

滨海体育旅游市场的开发应注重坚持本土化。我国的东部地区拥有较长的海岸线，滨海自然资源相对丰富。另外，我国幅员辽阔的特点也决定了南北部有较大的文化差异，东西部有较大的经济发展差异。为此，我国滨海体育旅游市场的开发就应根据我国的地域和文化特点，并结合当地滨海资源，创造具有本土化特色的体育旅游项目。这也是增加我国滨海体育旅游项目吸引力和影响力的重要思路。

（三）可持续发展

可持续发展的理念贯穿于我国的各领域事业发展中，在滨海体育旅游资源市场开发中也应坚持这一理念。要做到坚持可持续发展，就需要在滨海资源的开发过程中做到对资源的高效利用，以及边开发边保护。滨海资源是滨海体育旅游活动持续发展下去的根本，只要资源不枯竭，这个市场就能保持一定的繁荣。不过对于目前我国滨海体育市场所处于的发展初期现状来看，更多开发商追求的是短期回报，表现出对资源开发的无序和掠夺式开发的行为，这完全违背了坚持可持续发展的理念。为了转变这一现状，政府应主导资源开发活动，并将滨海体育旅

游纳入旅游产业的整体规划中,以此实现对相关资源的有序、合理地开发,最终建立起一个符合我国滨海地区地方特色的、可持续发展的滨海体育旅游发展模式。

二、培养海滨体育旅游的理念

如今,我国的滨海体育旅游业正处于刚刚起步不久的阶段,一系列内容、模式、结构还较为简单。参与滨海体育旅游的客源分布在各个省份,其中不乏大量居于内陆地区、对海滨地区较为陌生的游客。游客对海滨体育旅游活动的体验感,直接决定了这一产业的发展走向。

还有一个不容忽视的方面就是,要注重培养大众参与滨海体育旅游活动的意识及转变他们享受休闲假日的方式,以此鼓励他们来到户外,来到滨海地区,参与在这里举办的各项体育旅游活动。为此,同时做好滨海体育旅游活动的宣传工作也是培养大众参与意识的重要一环。

三、坚持协调发展

在众多围绕海洋资源衍生出的产业中,滨海旅游业无疑是最具投入性价比的一项。然而良好的滨海经济发展离不开对滨海资源的保护。近些年来,我国曾出现过一些近海海域水质遭受污染的严重环境问题,其污染主要为工业污水、农药污染等陆源污染,这类污染的占比高达80%。正是这些污染导致近海海水质量逐年下降。海洋污染给人们带来的负面影响绝非危言耸听,也绝非离我们的日常生活很远,它的严重性关乎人类的发展。经济的发展,特别是工业的发展总难免带来一些发展的负面产物,但如果能协调经济发展和环境保护这两者的关系,才谈得上受益长远。

四、制定科学的生态旅游规划

为科学、合理地开发东南沿海滨海体育旅游资源,必须制定科学、合理的生态旅游发展规划。科学发展规划的制订要以自然生态伦理理论、生态经济学理论为指导,在合理利用生态旅游资源的基础上,遵循生态系统发展的基本规律,对区域的体育旅游产业结构、功能、规模等实行统筹规划,做到既不破坏区域内的生态平衡,又能促进体育旅游资源的合理开发。

制定科学的生态体育旅游规划应落实以下工作:

(1)明确旅游资源开发的指导思想;

(2)区域内体育旅游资源的调查与评价;

(3)区域内客源市场的调研与分析;

(4)区域内生态旅游环境的容量分析;

(5)区域内的功能分区与旅游项目规划;

(6)区域内基础设施建设及发展规划;

(7)区域内保护措施的实施规划;

(8)区域内社区发展规划;

(9)区域组织人事管理规划;

(10)区域内体育旅游开发的成本效益分析。

第四节　冰雪体育旅游市场开发与发展

一、冰雪体育旅游的价值体现

(一)促使旅游内容越来越丰富

当前,中国滑雪运动已与国际滑雪组织及许多国家的滑雪界建立了联系。同时,每年都会派出滑雪队伍参加相应的比赛和活动,这就进一步促进了与国际之间的交流,交流领域越来越广泛。

中国登山协会每年都会举办专业的培训活动,如"高山滑雪培训"和"攀冰培训"等。随着经济发展和社会进步,各地方的冰雪文化快速发展。各种冰雪方面的活动相继举办,较为具有代表性的有黑龙江的国际滑雪节,哈尔滨市的冰雪节,吉林市的雾凇节,四川的"南国冰雪节"等,这些冰雪文化活动都有着非常大的影响力,是城市开发旅游业的重要内容。人们参加冰雪旅游,不仅可以满足精神需求,还能全面均衡地发展全身,对人体的身体机能和运动素质都产生积极的影响,促进新陈代谢,有效防治各种疾病。

(二)形成新的旅游经济增长点

目前,全世界范围内的现代规模的冰雪场地多达6000多个。滑雪人口达到4亿多,滑雪产业年收入逾700亿美元。尽管我国的冰雪运动发展起步较晚,但是发展势头非常强劲,冰雪体育旅游已经在我国的大部分城市中都有了显著的发展。其中,我国已建成现代化的滑雪场地近300个,自然和人工溜冰场地难以计数,每年到冰雪场地去体验溜冰滑雪感受的人数已达数百万人次,而且呈逐年上升趋势。滑雪运动所带来的直接和间接的经济效益越来越可观,可以说,冰雪体育旅游成为旅游产业新的经济增长点。

二、当前我国冰雪体育旅游发展面临的困境

(一)我国冰雪体育起步晚、水平低

我国冰雪体育运动的开展时间比西方很多发达国家都晚,而且发展起点偏低,再加上冰雪体育区域性、风险性等自身条件的限制和气候条件、经济水平、群众思想观念等外在因素的影响,导致我国冰雪体育运动整体发展水平较低,冰雪旅游业发展滞后。

(二)冰雪运动文化氛围不够浓厚

尽管近年来我国冰雪体育基础设施条件有了明显的改善,但总体来说不管是冰雪场地设施的规模,还是基础设施的标准化水平,都处于建设的初级阶段。而且在冰雪场地设施建设中还存在重复建设、功能单一、质量不过关等诸多问题,从而严重影响了大众参与冰雪运动的满意度和体验感,进而对社会冰雪文化氛围的形成造成了制约。

另外,我国各地冰雪体育旅游发展不平衡,北方地区冰雪资源丰富,具备举办丰富多彩的冰雪体育旅游活动的先天条件。相比而言,南方地区的冰雪活动较少,虽然经济发达城市建设了冰雪场馆,有条件举办室内冰雪活动,但参与者还未形成一定的规模。总体上来说北方的冰雪民俗风情比南方地区浓厚,南北地区冰雪体育的活动类型、参与人数、文化氛围等都存在较大的差距。

(三)冰雪体育旅游产业化水平较低

随着我国冰雪体育产业的逐渐兴起和冰雪旅游的大力发展,冰雪旅游产业在我国体育产业中的地位得到提升,冰雪经济大幅度发展。但是我国冰雪体育旅游产业尚处于初步发展阶段,相较于冰雪体育强国中冰雪体育旅游产业成熟的市场运营与管理模式还存在明显的差距。

我国冰雪体育旅游产业化水平较低首先表现为冰雪旅游产品和服务较为单一,难以使群众多元化、多层次的冰雪旅游消费需求得到满足;其次表现为冰雪旅游产业结构单一,与之相关的冰雪体育竞赛表演业、冰雪体育用品制造业、冰雪体育科技业等拓展性产业还处于探索阶段,在冰雪体育旅游产业体系中尚未形成独立的产业结构,有待进一步开发与拓展;最后表现为我国冰雪旅游产业发展中缺乏品牌意识,民族特色品牌严重缺乏,严重影响了我国冰雪体育旅游产业的市场竞争力。

(四)冰雪运动专业人才短缺

当前,我国冰雪旅游发展滞后与冰雪运动专业人才短缺有直接的关系。发展冰雪旅游离不开冰雪竞技运动员、冰雪指导员、冰雪师资、冰雪体育市场研发者和经营管理者、冰雪体育相关技术人员等各类专业人才,但当前我国这些人才都存在不同程度的短缺,从而直接影响了我国冰雪体育比赛成绩的提升、冰雪运动的推广、冰雪教育的发展、冰雪体育产业化进程的加快以及冰雪体育科技水平的提高等,最终导致冰雪体育旅游整体发展现状不乐观。

三、体验经济视角下冰雪体育旅游市场开发与发展的策略

（一）大力普及冰雪体育运动，营造良好的社会氛围

冰雪旅游的长久发展离不开群众的支持，我国人民群众参与冰雪体育的积极性不及参加球类运动、健美操等常见体育项目的积极性，这在一定程度上制约了冰雪体育旅游的发展。因此，政府部门应积极转变职能，制定相关政策，为冰雪体育文化的传播与活动的开展营造良好的社会环境。政府还可以加大对冰雪体育运动场馆建设的经费投入力度，增加基础设施资源总量，满足人民群众之需。同时，有关部门与组织在冰雪体育项目宣传中应根据受众的年龄、社会阶层等特点选择合适的宣传渠道和推广方法，通过全面推广与大力普及，形成全社会共同参与冰雪体育的良好氛围。

（二）大力发展冰雪旅游产业，打造自主品牌

我国应该结合国情打造有中国特色的冰雪旅游产业，借助北京冬奥会的契机，充分利用部分地区的冰雪旅游资源，以冰雪体育小镇为基点，以点带面，大力发展冰雪旅游业，并拉动相关产业发展，构建成熟的冰雪旅游产业链，带动我国冰雪产业的整体发展。同时，政府要大力扶持以先进技术为核心要素的冰雪科技企业，优化我国冰雪体育产业结构，提升冰雪产业科技含量。另外，我国要积极打造特色冰雪品牌，鼓励不同地区从本地特色资源出发自主创立特色品牌，这方面既可以借鉴吉林的冰雪休闲度假、冰雪观光体验等特色品牌，也可以借鉴冰雪强国的品牌经验。

（三）加大人才培养力度

鉴于我国冰雪旅游专业人才短缺的现状，当前我国要将培养一批优秀的冰雪运动专业人才作为发展冰雪体育的关键任务，而且要全面培养各专业的冰雪体育人才，充分满足竞技冰雪运动、大众冰雪运动、冰雪

教育、冰雪产业以及冰雪科技等各领域发展的需要。

　　培养冰雪体育人才,要充分发挥高校作为高素质人才培养主体的重要作用,鼓励有条件的高校开设相关专业,完善冰雪课程建设,建立健全冰雪人才培养体系,提高人才培养质量。与此同时,还要将市场培养模式与高校培养模式结合起来,共同培养优秀的冰雪人才队伍。此外,不同地区之间要加强人才交流,实施"走出去"和"引进来"的人才培养与利用战略,促进我国冰雪专业人才队伍结构优化、质量提升。

第五节　少数民族体育旅游市场开发与发展

一、我国少数民族体育旅游发展存在的问题

　　我国少数民族体育旅游在体育旅游的总体中占据了重要位置,并且发展前景非常好,但是仍然存在的一些问题对少数民族体育旅游的发展产生制约了作用,表现如下。

　　第一,没有突出少数民族体育旅游的特有特色。从很多景区的项目设置来看,大多比较雷同,且有抄袭之嫌,缺乏精品,品位及档次都不够,文化内涵的挖掘不够。当前,很多少数民族体育旅游的景区是大致相同的,如东北地区,很多地区都是开展滑雪、滑冰等运动项目,但是,具有少数民族特色的体育旅游项目却非常少。从项目质量来看,在开发与利用的程度上还有待进一步提升,急功近利、管理粗放和盲目发展的问题普遍存在。不仅如此,很多地区还有着丰富的历史文化古迹、文化遗址等资源,这些都为体育旅游的开发提供了重要的条件。

　　第二,从体育旅游运动项目的设置方面来看,由于专职人员较为欠缺,大多为兼职,且进行组织、讲解及表演的人员专业水平较低。这些从业人员主要是从村寨里临时招聘的,仓促地进行短期训练后就匆忙上岗,这就导致了体育旅游的开展过程中总会出现这样或者那样的问题,制约甚至阻碍了体育旅游的顺畅前行。同时,也对民族体育的观赏价值和艺术价值,以及少数民族体育旅游的发展都产生了不利的影响。因此,培养和发展一大批体育旅游专业人才刻不容缓。

第三,少数民族体育项目减弱。当下,我国经济发展水平显著提升,参与到体育旅游中的爱好者也呈现出逐年增多的趋势,按照这一发展趋势,少数民族体育的发展也应呈现出上升的趋势,但是,实际情况却与预想的有很大的出入。具体来说,少数民族体育项目正在呈现出不断减弱的发展趋势。大多数民族体育项目在高度开放性、普及率方面都是不理想的,大众关注的程度也普遍比较低。[①]

第四,体育旅游产业的完整产业链尚未形成。对于不同区域的体育旅游产业的发展来说,其都能将当地的地域优势、自然环境特点以及特有的特色项目体现出来。比如,东北地区的冰雪体育旅游项目;南方地区的漂流、冲浪等体育旅游项目等,这些都对当地旅游业的飞速发展起到积极的促进作用。体育旅游涉及旅游、健康、娱乐等一系列因素,但因为相互之间缺乏互动与联系,导致少数民族体育旅游完整的产业链还没有正式形成。

二、体验经济视角下少数民族传统体育旅游市场开发与发展的策略

(一)加大少数民族体育资源的开发、挖掘、整理力度

首先,要对保持完好原始风貌的民族聚居地进行全面的了解和调查,并且加大这些地区的保护力度,对各种富有特色的少数民族体育旅游资源进行深入挖掘,开发力度要适当加大。与此同时,加强对原始素材的收集,使这些少数民族体育旅游项目不断得到系统的整理,使其发展的完善程度有所提升。

其次,在确定少数民族体育旅游资源的民族特色之后,还要做到与现代人的特点和需求相适应,这主要涉及审美理念、文化观念及价值取向等方面。在世界旅游发展的带动下,未来的少数民族体育旅游的显著发展趋势之一,就是向国际化发展。因为只有顺应其发展的趋势,少数民族体育旅游事业才能够始终充满着生机与活力,才能有持续性的发展,从而在社会化和产业化的道路上得到更快的发展。

---

① 王广贵,关怀志,霍尔东.体育旅游管理[M].哈尔滨:哈尔滨地图出版社,2005.

（二）做好人才培养与培训工作

人才在所有事物的发展中都是关键性的因素，这对于少数民族体育旅游的发展来说也是如此。人才的影响力是最为显著的，因此，要想进一步推动少数民族传统体育旅游的发展，加强专业人才的培养是重要途径。故此，高度重视少数民族体育旅游专业人才的引进、培养和培训工作至关重要。

人才的培养与培训，要立足本地民族人才资源，首先对本地的人才资源进行大力挖掘，将这一潜力尽可能开发出来，同时，还要建立人才资源库，其中除了专业人才外，还包含了各种民间体育艺人、能人等。除此之外，少数民族体育旅游的管理也至关重要，因此，管理方面人才的培养与培训也不可忽视，创造良好的学习和培训机会，从而为少数民族体育旅游的长远发展和可持续发展创造良好的条件。

第六节　高端体育旅游市场开发与发展

随着我国经济的发展、人民群众收入水平的提高以及体育旅游开发层次的提升，高端体育旅游呈现出良好的发展态势。高端体育旅游能够满足人们的高层次体验需求，为经济实力雄厚、品位高的旅游者提供高端体育旅游产品与高质量的体育旅游服务。在体验经济时期，开发高端体育旅游市场迎来了良好的时代机遇，我们要把握好这一机遇，重点采取以下策略来推动高端体育旅游市场的繁荣发展。

一、整合开发，创立品牌

在我国高端体育旅游发展过程中，提升产业整体竞争力具有重要的意义，这是由高端体育旅游产业范围的宽泛性及产业关系的联动性等特点决定的。为了对激烈的市场竞争加以适应，不仅需要旅游企业继续对传统的促销宣传活动进行开展,还需要社会各方面的合作与支持,以此来系统化地发展我国高端体育旅游产业,整合开发我国高端体育旅游产品。与此同时,我国政府部门和相关企业还要采取整合营销与传播的手段,促进我国高端体育旅游产品形象意识和品牌意识的不断强化,促进宣传促销覆盖范围的扩大。通过整合对外的传播工具,用"一个声音"来将清晰度高、连贯性强的高端体育旅游产品信息提供给国外高端体育旅游者,对我国高端体育旅游企业对外统一的"品牌形象"进行树立,从而促进我国高端体育旅游产品在国际上的竞争力的不断提高。

在开发国际市场时,出发点要落在客源国的旅游消费需求上,利用举办世界知名赛事或者其他重大节事等有利时机,来促销我国具有国际影响力的高端体育旅游产品。然后运用一系列推销宣传手段(新闻报道、声像、影视等),强化我国旅游资源的特色,促进我国高端体育旅游产品在国际市场上的竞争力和知名度的不断提高,最终促进"树形象、创品牌、提升整体竞争力"等战略目标的实现。

二、提高产品国际竞争力

要提高和扩大我国高端体育旅游产品在国际上的竞争力与影响力,必须以高端体育旅游产品的运动特点为依据,对我国国情、企业的文化背景进行充分考虑,促进高端体育旅游文化内涵的丰富,从而促进高端体育旅游品牌形象的确立。大量的事实已经表明,目前国际市场上市场产品的竞争已经演变为文化内涵与品牌的竞争,而不是传统上外形与功能的竞争。旅游业也是如此。实质上而言,高端体育旅游产品的消费过程,就是旅游企业将高端体育文化的包装与组合通过高端体育活动提供给消费者的过程。在经过产品、价格、资金、技术、人才等各要素的竞争之后,体育旅游产业的发展将会面临体育旅游文化这一更加激烈、水平更高的竞争。我们应该意识到,在对高端体育旅游产品进行开发,不仅要从物质与技术上下功夫,还要全面考虑体育文化方面的要素,对高端体育旅游产品的文化内涵进行进一步的挖掘,并通过不同的方式或手段在高端体育旅游产品和高端体育旅游产业的经营活动中组合与融入这些内容,打造高端体育旅游精品。

三、构建支持高端体育旅游发展的投融资体系

（一）正确认识体育产业投融资体制

我国体育产业投融资活动的顺利开展离不开相关的制度与体制，这是必不可少的客观条件。一般来说，与体育产业资金投入、资金融通、资金运作以及资金监管等方面有关的制度安排即为体育产业投融资体制，该体制也可以被看作是与体育产业资金有关的各种关联要素有机结合的宏观结构，该结构无疑具有系统性和关联性。体育产业的投融资政策、制度组织化等具体体现在体育产业投融资机制中。

我国体育产业投融资体制是一个由诸多要素构成的系统框架，其具体结构如图 5-3 所示。

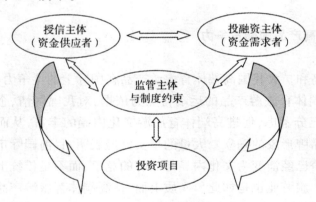

图 5-3　体育产业投融资体制的构成框架[①]

1. 授信主体

在体育产业融资中，资金供应者被称作是授信主体，也就是有盈余资金的居民、政府、企业、金融机构等，这些是市场经济体制下的主要资金供应者。授信主体供应资金的主要方式包括直接提供信贷、购买债券或股票，也就是体育产业债券和体育股票。

---

① 　金跃峰. 区域体育产业发展的研究 [M].北京：中国商务出版社，2009.

2. 投融资主体

体育产业投融资机制中的融资者与投资者在多数情况下是同一类主体,所以常常将投资主体与融资主体合称为指相同个人或组织的投融资主体。一般来说,在自有资本不足的情形下,投资主体便向融资主体转变,成为资金需求者。

投融资主体与授信主体是相对的,也被称作是"授信主体",也就是接受信用的主体,他们融资的主要方式是借贷、发行债券或股票。

3. 投资项目

在经济利益的驱使下,体育产业的融资主体向投资主体的身份转变,然后投资有利可图的项目。体育产业中的投资是一种体育经济行为,发生于投资主体单方面,但银行等授信主体往往会充分评估投资项目与投资结构,主要目的是将融出资金的风险降到最低,加强风险防范。经过考察评估后,授信主体确定项目可行,收益有保障,而且技术管理比较完善等之后才会融出资金给融资主体。

4. 政府监管

在体育产业投融资机制中,不管是投融资主体,还是授信主体,以及项目投资,它们的经济行为或运作过程都离不开政府管理与制度约束。为了促进体育产业发展中投融资市场秩序的进一步规范,政府部门必须出台相关制度或政策来引导与约束投融资市场中授信主体与投融资主体的行为,市场自律部门和行政管理部门也要在相关政策与制度的导向下来管理投融资市场,使市场的项目投资行为更加规范,提高体育产业投融资效率和体育产业的健康发展。政府加强监管和制度约束能够不断完善体育产业投融资机制,促进体育产业持续健康发展。

总之,体育产业投融资机制的基本框架主要由资金供应者——授信主体、资金需求者——投融资主体、投资项目以及政府监管四个部分组成,缺一不可。

（二）高端体育旅游产业发展中投融资支持体系的构建

1. 完善财政投融资体系

很多体育企业处于初级发展阶段，发展经费有限，不得不通过一些渠道来进行融资或寻求投资。此外，在体育产业投融资机制的运行中，市场失灵现象也因为各种因素的影响而客观存在，所以政府的适度干预是非常必要的。在这种情况下，体育产业尤其是高端体育旅游业的发展离不开财政投融资，这是高端体育旅游得以顺利发展的重要基础和资金保障。当前，我国应对体育旅游发展中财政投融资的基本理念与定位有清晰的认识，并根据高端体育旅游的发展需要来构建与完善高端体育旅游财政投融资体制，促进该机制的顺利运作，充分发挥它的重要作用和价值。

具体来说，构建与完善高端体育旅游财政投融资体系应做好以下几方面的工作：

第一，加强对体育旅游财政投融资出资人制度的完善。

第二，对高端体育旅游财政投融资定位加以规范。

第三，建立体育旅游业的财政预算（包括财政投融资）。

第四，建立一种决策机制使投资资本与信贷决策互为制衡。

第五，推动高端体育旅游财政信用的发展。

第六，制定与健全高端体育旅游财政投融资政策。

2. 加强投融资体系的政策保障

（1）设立高端体育旅游发展基金

政府对高端体育旅游发展基金予以设立，从而积累资本支持高端体育旅游的顺利发展。我国高端体育旅游刚刚起步，发展模式还不成熟，所以政府必然要在资金上多加扶持。在高端体育旅游发展中，资金不足的问题很普遍，解决这个问题的关键是要利用有限的资金产生最大程度的经济效用，也就是将有限资金的作用发挥到极致。在这种情况下，政府注入资金必不可少，政府在直接注入资金的同时还要引导社会资金向体育旅游领域投入，充分发挥社会资金的作用。政府的这一职能能够通过成立高端体育旅游发展基金得到更好的发挥。但在基金的运作方面，要充分发挥市场机制的协调与管理作用,而政府的干预要适当减少。

（2）改善投融资环境

政府部门要注重对高端体育旅游相关法律制度和政策的建立、出台与完善,从而使高端体育旅游投融资活动更加规范,使投资者的利益得到充分的保护,这样也能为社会投资者带来信心,增加其投资的决心。在资金使用方面尤其要加强立法保护与管理,使高端体育旅游财政信用得到提升,并使周转资金得到最大程度的使用。

另外,要培育一些中介机构,并规范这些机构的市场运作,使高端体育旅游投融资的服务体系更加健全、完善,从而将更加便捷、更加有效的通道提供给体育企业,使其顺利实现融资或获得投资。不仅如此,为更好地实现投融资,使资信问题得到解决,还要加强对投融资信用担保制度的制定与相关体系的构建与完善。

（3）建立多层次投融资市场

在高端体育旅游投融资市场的建立中,政府要突出市场的多层次,从而进一步规范高端体育旅游投融资,使投融资更加全面化。投融资市场之所以要多层次,主要是为了服务于拥有不同发展规模和处于不同发展阶段的体育企业。在建立多层次投融资市场的同时还要加强对市场上专业人员素质的培养,从而促进市场工作效率的提升,优化与健全投融资市场环境,避免产生不必要的额外成本。

3. 培育风险投资

高端体育旅游风险投资是由专业投资机构在自担风险的条件下,通过评估和筛选,向有发展前景的项目、公司、产品注入资本,并运用科学管理方式增加高端体育旅游风险资本的附加值。[①] 高端体育旅游风险投资是一种特殊的资本运营方式,但在整个运营过程中都充满风险,如风险分布在资金融入、融资创业、企业上市以回收资本等各个阶段,所以为了促进运营的成功,必须通过培育风险投资来创造良好的市场环境,具体来说,政府部门要做好以下几方面的工作。

（1）全新定位政府角色

在高端体育旅游风险投融资体系建立方面,政府要给予重视,尽快建立健全该体系,并对民间风险投资予以支持,同时在税收方面制定优

① 蔡宝家.区域休闲体育产业发展研究[M].厦门:厦门大学出版社,2017.

惠政策,使高端体育旅游风险投资更有动力。另外,出台必要的补贴制度,支持处于起步阶段的体育企业也是有必要的。

（2）建立健全风险投资信息披露机制

建立健全高端体育旅游风险投资信息披露机制,能够使风险投资者在投资过程中更有信心,将投资者的投资积极性调动起来,也有助于促进风险投资环境的优化。

（3）完善风险资本的退出机制

"退出机制"指的是被投资的企业发展到一定阶段后,风险投资机构将投入资金以股权形式实现向资金形态的转变。建立与完善风险资本的退出机制,能够使投资者更有信心进行投资,还能促进体育资本的循环,实现资本增值,强化体育企业自身的造血功能。

四、依托大数据提供信息技术支持

（一）大数据时代体育旅游产业发展的机遇

在大数据时代,体育旅游产业的发展环境得到了优化,体育旅游产业发展的载体与平台不断丰富、扩大,体育旅游产业的领域也得到了明显的拓展。我国应抓住大数据时代的重要机遇和有利条件,利用信息技术进一步推动体育旅游产业的协同与创新发展。

下面具体从三个方面分析大数据时代体育旅游产业发展面临的重要机遇。

1. 体育旅游产业发展拥有良好的信息交流平台

任何产业在大数据时代的发展都离不开基于市场数据分析的市场研判,这是产业发展的基础条件,体育旅游产业也不例外。在我国体育旅游产业发展的传统模式中,发展的领域比较狭窄,产业开发渠道较为单一,导致发展空间受限,难以形成多元化规模。而在大数据时代,体育旅游产业发展中所需的信息交流平台越来越多元化、便捷化,有关经济要素能够依托便捷的平台进行互动、互补,从而有效增加了体育旅游产业的市场活力。

在大数据时代,依照市场经济规律分析体育消费群体的消费需求和消费行为,根据市场需求优化调整产业结构要素,拉近体育旅游产业与市场的距离、与消费者的关系,使它们进行零距离的有效"对话",从而使体育旅游产业的发展更有效。总之,大数据时代的到来使体育旅游产业拥有良好的信息交流平台,促进了体育旅游产业与健身、医疗等有关产业的协同发展,拓展了体育旅游产业发展的空间。

2. 体育旅游产业与其他产业进一步融合

在经济一体化背景下,产业融合发展已是大势所趋,也是市场经济发展到一定阶段的产物。在区域一体化的新时期,体育旅游产业的融合发展、协同发展、一体化发展趋势也不断加快,逐渐形成了"体育旅游产业+"的融合发展模式,其中协同发展取得明显成绩的领域有体育旅游产业与金融行业的融合、与互联网产业的融合以及与医疗产业的融合等。特别是大数据时代到来之后,体育旅游产业与相关产业之间的融合越来越广泛、深入,体育旅游产业也不断寻求与更多关联产业的融合。在体育旅游产业的协同发展与融合发展中,大数据的促进作用越来越重要,也越来越突出,利用大数据能够将各行业的数据信息整合起来,对体育旅游产业与相关产业的共性、供需与内在规律进行分析,从而使体育旅游产业与相关产业的协同发展或使区域内体育产业的协同发展更精确、高效。

大数据时代,原本属于不同产业类型的体育产业与旅游产业依托大数据手段而实现了一些要素的互动与融合,从而进一步扩大了体育旅游市场,带动了体育旅游业的发展。不仅体育产业中融入了一些相关的旅游项目,旅游业方面也开发了一系列与旅游密切结合的体育项目,一些旅游景区在旅游与体育元素相融合的基础上衍生出诸多新型旅游产品,吸引了大量的游客,有效促进了旅游业的发展,也培育了大量的体育产业消费群体。

在体育旅游产业的发展中,可以利用大数据技术手段对新型旅游产品所带来的效益的相关数据予以追踪、采集,根据这些可量化的数据为体育旅游的进一步发展提供合理建议,为发展决策提供可靠依据。另外,还可以利用大数据技术对体育旅游消费者的消费需求、喜好等进行分析,统计相关数据,然后依此开发能够满足其需求和喜好的体育旅游产品,扩大体育旅游消费市场,进一步推动体育旅游产业的发展。

3.体育旅游产业的创新发展空间得到优化

随着现代人思想观念的更新和生活质量的提升,他们对体育的需求不再像以前那样仅限于体育锻炼、增进健康这个最基本的需求,而是对体育服务、体育产品等有了越来越多的需求,也提出了越来越高的要求。为满足现代人的多元需求,在大数据时代应借助大数据这一载体创造性地开发现代化的体育旅游产品,并采用信息技术不断优化体育旅游服务,这充分体现了大数据时代优化了体育旅游产业的创新发展空间,下面具体从两个方面来对大数据时代给体育旅游产业发展提供的这一机遇进行分析。

第一,体育旅游产业发展的信息库在大数据时代得到进一步丰富和拓展,产业信息价值得到深入挖掘,从而为体育旅游产业发展的决策提供了可靠的信息依据和参考。

第二,大数据与体育旅游产业的融合促进了智能体育旅游的发展,体育旅游产品中不断涌现出一些智能元素,深受消费者喜爱。体育旅游产业的创新发展空间,尤其是智能化发展空间、现代化发展空间进一步扩大、优化,从而使体育旅游产业发展迎来了更好的时代机遇。

(二)信息技术推动体育旅游发展的机制

1.带动机制

大数据时代,信息技术在体育旅游产业中的不断渗透与融合极大地促进了体育旅游产业的发展。体育旅游产业的发展也越来越离不开信息技术,可见信息技术对体育旅游产业的发展产生了巨大的影响。这是信息技术推动体育旅游产业发展的带动机制的集中体现,这种机制又具体从多方面得以体现和不断实现,具体包括以下几方面。

第一,随着信息技术的不断发展,其越来越多地被应用于电子政务方面,并积极发挥自身作用,推动了体育管理部门运作模式的转型,即从管理型运作转变为服务型运作,体育管理部门运作模式的转型深深影响了体育旅游产业的发展。

第二,信息技术在体育旅游产业领域的渗透促进了体育旅游工作方式的转变和体育旅游工作效率的提升。

第三,体育旅游业的基础设施建设因为信息技术的应用而得到有效改善,传统旅游设施得以更新,新的数字化产品不断涌现,体育旅游设施的生产效率和质量得到显著提升。

第四,现代信息技术在体育旅游产业领域的应用为体育旅游产业的发展营造了优良的环境和广阔的空间。比如,现代信息网络技术在体育赛事旅游产业中的应用使许多中国品牌赛事在全世界的影响力得到提升,使全球的体育爱好者都能看到精彩的比赛,这对我国体育旅游产业的对外发展具有重要意义。

2. 增值机制

大数据时代信息技术的不断普及,及其在体育旅游产业中的大量运用,不仅对体育旅游产业的发展起到了巨大的推动作用,形成了带动机制,同时也起到了不可忽视的增值作用,形成了重要的增值机制。在产业发展中,将产品和劳务的附加值提升,使供给扩大,财富增加,这就是增值。信息化时代的信息要素与传统的生产要素是不同的,其中一个最大的区别就是前者的边际收益率是逐渐增加的,从而能够促进体育旅游产业发展,使体育旅游经济收入稳步提升。

在大数据时代,网络信息迅猛发展,我们迎来了网络经济时代,这一时代背景下有时体育旅游产品或体育旅游服务的网络价值远远高于自身价值,其网络价值的大小与网络系统的层次有关,层次越高,价值越大,二者呈正相关。在大数据经济环境下,针对重要的体育旅游市场信息来加大投资力度,往往能够同时获得投资报酬与增值报酬。

在信息技术高度发达的大数据社会中,信息技术越来越频繁地运用到各个领域与行业中,其对体育旅游产业发展的带动作用、增值作用越来越受重视,为了更好地发挥信息技术对体育旅游产业的带动作用与增值作用,促进体育旅游产业价值的提升,有关经营管理者必须对信息技术的优势和作用有高度的认识,并在体育旅游产业市场开发与经营管理中充分运用信息技术来提高效率,达到理想的目标。

（三）信息技术支持下高端体育旅游发展的策略

1. 优化发展环境

大数据时代体育旅游发展速度加快，发展效率提升，并呈现出现代化、智能化的多元发展趋势。大数据时代给高端体育旅游的发展带来了重要的机遇，同时也带来了更加严峻的市场挑战，在机遇与挑战并存的当下，要加快高端体育旅游发展，就必须积极转变发展观念与思维，利用大数据技术加快高端体育旅游的发展，不断加强高端体育旅游发展环境的优化，通过应用大数据开发新的产业领域与空间，促进高端体育旅游创新发展。

利用现代信息技术优化高端体育旅游发展环境，实现高端体育旅游深度发展，要做好以下工作。

第一，利用大数据技术进行必要的市场分析，不断完善高端体育旅游数据库，为高端体育旅游市场开发、产业决策、产品与服务的更新等提供可靠的数据参考和市场依据。

第二，对各种数据资源加以整合，利用大数据手段开发智能高端体育旅游，并在智能化高端体育旅游产品与服务的研发与调整中充分发挥大数据分析作用，提高智能高端体育旅游发展成果。

第三，利用大数据技术推动高端体育旅游转型，如将大数据作为基础支撑来开发高端体育健康旅游产业，发展高端体育赛事旅游产业，为高端体育旅游的转型和创新发展提供大数据支持，创造良好的环境与空间。依托大数据平台进行高端体育旅游创新，能够使高端体育旅游市场更具活力和生命力，更好地体现出大数据时代的优势和信息技术对促进高端体育旅游发展的重要性。

2. 加强产业数据内联，加快协同发展

大数据时代高端体育旅游的发展与传统体育旅游发展之间最大的区别就在于是否大量采用数据和大数据技术。大数据时代高端体育旅游呈现出智能化发展趋势，这一趋势之所以能够形成，核心要素就在于在高端体育旅游发展中采用了大量的数据和大数据技术。体育数据产业是大数据时代开发的一个新的体育产业领域，它具有智能化、现代化

特色,是体育产业的一种创新发展形态,无论是供给侧,还是需求端,在市场上都发挥了重要的作用。在整个供需关系中,采用的数据大多是有关行业的关联性信息,并将这些关联信息整合在一起,而不是只采用某个行业的单一信息。特别是在高端体育旅游发展中,数据信息本身就是黏合的,关联的,相关企业之间互通信息,建立关系,为互动发展创造了良好的条件,创建了便捷的平台与空间。数据的潜在动能应该被更多的产业管理者发现并予以重视,基于数据分析和大数据技术手段在高端体育旅游与其他相关产业之间寻找契合点将会更加便捷、迅速、准确。

高端体育产业与高端旅游产业之间有许多可共同应用的数据,分析这些数据,建立数据平台和数据库,加强平台监管,从而开发共融产品,提升产品的市场效益。具体而言,可以将合适的高端体育项目开设在旅游景点内,将体育元素加入高端旅游线路上,特别是注重高端休闲体育运动与旅游业的融合,高端体育产业与旅游业之间加强数据的互通、渗透,使二者的融合度进一步加深,将有助于高端体育旅游市场空间的扩大和发展路径的拓展。

第六章 | 体验经济视角下体育旅游规划管理

　　在体验经济主导下，当代体育旅游被提出了更高的要求，它指向更加个性化、定制化以及不同凡响的旅游体验，这是今后体育旅游发展的一个整体趋势。本章将从旅游规划与旅游规划管理的基础理论、科学构建体育旅游发展规划体系、合理选择体育旅游发展规划模式以及基于全域旅游规划的体育旅游发展研究四个方面展开阐述。

第一节　旅游规划与旅游规划管理的基础理论

一、旅游规划的含义

在现代社会生活中,旅游成为普通人生活的一部分,也是人们追求精神体验的一种体现。尽管如此,旅游规划在学术上还是一个崭新的领域,到目前为止,还没有形成完善的研究体系,这主要是因为现代社会经济与科技的飞速发展,已经大大超出了理论研究的发展速度。

然而,学界旅游规划的研究并没有因此而懈怠,很多学者和专家借助相邻学科的理论,以及通过相关研究思路,在旅游规划研究中已经取得了初步成果。

(一)旅游规划的概念

旅游规划是规划的一种,即为了达到旅游业发展的某些具体目标,而确定的长期发展战略,以及由此建立的相应措施和发展体系,是保证旅游业科学、有序发展的重要前提,也是可持续发展的基础。

旅游规划既属于经济领域中产业发展的问题,需要科学的方法和严肃的推理,同时也属于国家政治治理范畴,需要服从国家整体的发展战略。因此,旅游规划也具有地方性法规文件的性质。

目前,我国对旅游规划的管理和规范,主要依据的法规文件有2000年10月26日国家旅游局颁布的《旅游发展规划管理办法》,以及2003年2月24日国家质量监督检验检疫总局发布的国家标准GB1T18971—2003《旅游规划通则》,作为旅游规划的技术标准。

（二）旅游规划的特点

尽管城市规划、土地规划、旅游规划都属于国家发展建设中具有较强相关性的发展规划内容，但是相对而言，城市规划和土地规划更强调空间和物质层面的规划，而旅游规划更注重内容与体验上的设计。

尤其是在体验经济的影响下，现代旅游规划非常重视对旅游内容的专业化和个性化策划，强调创新，给人带来多层次、高质量的文旅体验。整体而言，旅游规划具有如下几个特点，如图 6-1 所示。

图 6-1　旅游规划的特点

1. 综合性

旅游是一个涉及多个领域的综合性经济活动，包括消费、娱乐、社交、度假、文化、风俗等多方面的内容，因此，旅游规划也被称为是"跨行业规划"的代表。

2. 地域性

旅游规划还具有明显的地域性特点，策划的核心总离不开所在地区的民族特色、经济发展、自然风貌、历史遗迹、传统风俗、风土民情等，这些都是旅游规划的重要元素，是体现一个地区文化地域特色的主要内容。

3. 时效性

旅游和社会经济文化的发展息息相关，与社会经济发展程度以及文化水平有着深层的关联。因此，旅游规划具有一定的时效性，一个时期的旅游规划往往具有明显的时代特色，同时也具有时代的局限性。也就是说，当前热门的旅游热点不会一直地、持续地保持同样的热度，经过一段时间的沉淀之后，必然会逐渐趋于平淡，这就是它的时效性特点。因此，在进行规划时，要紧扣时代主题，与当前的人文思潮和时尚特点相契合，才是成功的规划。

4. 创新性

旅游规划实际上是对现有资源的一种创新式生产，通过更具创意的智慧加工，使原来的旅游资源产生新的价值。另外，现在的旅游业也已经高度发达，同类竞争十分惨烈，因此，必须采用高度创新的方式，才能在激烈的竞争中获得生存，谋得发展。

5. 前瞻性

规划的前瞻性，是对其所规划的未来，在时间上有了明确的指代，它必须是长期的，对较远未来的一种预判和计划。因为，旅游项目具有周期长的属性，因此，旅游的规划一般都指向未来的10—20年，对旅游业发展基本趋势的一种定性与定量预期，对开展未来旅游业具有指导作用。

6. 科学性

旅游规划要遵循着严谨的科学体系和科学思路。比如对旅游业的各种要素要进行系统的分析，以及对每种相关变量的发展也要有科学的预期，以发展的视角对未来旅游产业的发展进行动态分析。另外，旅游规划的科学性还体现在，其相关理论与技术也同样具有科学性，在逻辑上、技术上、方法上都要辩证地、严谨地对待。

7. 战略性

旅游规划本身就是一种发展战略,是根据国家、社会的当前以及未来的发展趋势,进行的有依据的战略性指导方案。对国家政策、经济规律、产业发展具有一定的依从性,也具有自身的战略指导性。

(三)旅游规划的原则

旅游业是一项涉及多行业、多领域的产业,在规划的过程中会遇到非常复杂的情况,因此必须首先明确一些基本原则,用于指导规划工作,旅游规划的原则主要包括以下几个方面,如图 6-2 所示。

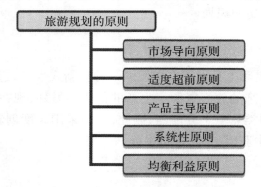

图 6-2　旅游规划的主要原则

1. 市场导向原则

旅游的重要属性之一是社会经济活动,因此在进行旅游业规划的工作中,首先考虑的是它的经济效益,因此应该以市场为导向进行规划。并且,旅游业的发展从早期规划到立项、建设、宣传、经营、维护等,都需要大量的经济投入和人才投入,这些都需要在市场经济的语境内完成,要符合市场发展的需要。因此,必须遵循市场规则。

2. 适度超前原则

旅游规划是对未来旅游发展的指导和预期,因此必须建立在超前的基础上,具有一定的前瞻性。但是,这一超前需要适度,必须建立在对当前趋势的科学分析的基础上,不能脱离实际过于超前,也不能太过保守,否则失去了规划的意义。

3. 产品主导原则

当前的商业发展已经进入非常成熟的阶段,其中产品思维是各个领域的商业活动中的主导思维。旅游业作为一种经济活动,也是一种具有综合价值的服务性产品,对旅游的规划实际上就是对"旅游产品"的策划和设计。以产品为导向,是对现代经济发展的适应,是对市场的适应,也是目前最高效的一种商业经营的模式。

4. 系统性原则

旅游业是一个综合性的产业群,涉及了众多行业和部门,如城市建设、交通、商业、手工业、农业、林业、水利、文化和文物等,因此,旅游规划必须具有较强的开放性和兼容性,将其他社会资源纳入旅游业发展中,为旅游业的发展赋能增产。

5. 均衡利益原则

均衡利益原则是指,在进行旅游规划时,不仅局限于提高旅游业的发展和利益提升,而是具有全局观念,通盘考虑相关领域的效益,从而建立一个利益分配均衡的健康的体制,才能获得持续性的发展。

二、旅游规划管理

旅游规划是旅游产业发展到一定阶段的产物,对旅游规划的管理,就是顺应发展趋势,在国家发展战略、国家发展形势以及经济文化的时代走向等多个复杂背景下,对旅游业进行深度的优化与发展,是旅游业不断成熟与完善的必经过程。

(一)优化旅游规划的体系

一般地,旅游规划被分为两部分,一个是针对整个行政区的全域旅游规划,一个是仅限于局部的旅游区的规划。

在过往的旅游规划工作中,主要以以上两种形式进行整体划分,这主要是旅游规划发展初期的基本形态,主要是一种摸索与试探的阶段。

因此,在概念划分上以及实际操作中,还存在着较为笼统且不够科学的弊端。随着时间的推移,以及经济、文化以及人们生活理念的不断提升,需要对旅游规划的体系做出进一步的优化,向着更加细分和专业化的方向推进。

在新的旅游规划系统中,需要体现出发展方向、发展定位、国家经济文化的布局,以及相应的投资价值、回报与风险、发展周期等多个角度更加具体、深入地进行规划与分析,从而对当前的旅游规划进行优化升级。

（二）完善旅游规划的标准

在明确了规划概念、术语等体系之后,接下来就是对具体规划内容进行界定,制定相应的标准和通则,以便让日后的工作更加有据可依、有章可循。具体地,可以分为以下几个方面。

（1）在规划区旅游业的发展过程中,应明确各个旅游区的历史与现状、优势与劣势以及发展的生命周期等几个方面进行界定,从而使发展规划更具科学性和经济效益,避免盲目兴建和过度开发;并善于利用相关学科发展的数据,给出一定的参考数据,制定相应的标准。

（2）对旅游产业的规划,要明确要素结构、发展规模、空间布局以及供给要素的原则指导和实施办法。旅游业的发展规模可大可小,受到地区的文化、经济、地理等综合因素的影响,因此,不同体量的项目,必须进行更加深入的分析和研究,如旅游设施建设、配套基础设施建设、旅游市场开发、人力资源开发等方面的投入与产出方面的分析。

第二节　科学构建体育旅游发展规划体系

进入新时代,尤其在当前体验经济的推动下,旅游发展面临着新的挑战,也迎来了新的发展机遇。其中,体育旅游的发展规划走在了时代的前沿,在很多方面发挥着引领作用。本节将以体育旅游业的发展为例,对其发展规划体系进行系统的梳理和分析。体育旅游发展规划一般包括三大结构体系:体育旅游发展规划的内容体系,体育旅游发展规划的目标体系以及体育旅游发展规划的方法体系。

一、体育旅游发展规划的内容体系

现代社会,体育旅游已经发展为一个高度融合的系统,在内容上涉及多个行业、多个领域,因此在构建内容体系时,需要从以下五个方面进行。

（一）体育旅游发展的条件分析

1. 旅游资源

旅游资源的质量、丰富性、稀缺性和时效性等,是旅游发展的重要条件,起着决定性的作用。在考察旅游资源时,需要从经济效益、社会效益和生态环境效益等多方面进行系统的数据分析,旅游资源是旅游业发展的基础和前提条件。在进行体育旅游发展规划时,对体育旅游资源的界定和评价,可以从三个方面进行。

（1）资源类型、数量与规模

①首要任务是界定当地体育资源属于什么类型,以及是否包含多种类型,类型越丰富,说明资源的开发潜力越大、质量越高;

②资源存量以及发展空间如何,是否具有规模潜力;

②是否具有主要资源和次要资源的组合优势,其结构状况如何;

④该资源是否具有稀缺性和排他性。

（2）资源分布状况

①该地区的旅游资源是相对集中,还是较为分散;

②如果较为分散,那么彼此之间的交通布局是否完善,该地区能够承接的游客规模有多大;

③如果资源较为分散,是否可以发展为相对集中的旅游区或者旅游线路。

（3）资源品位与质量

①该资源的品位是否具有开发的意义，能够满足当前的消费诉求；

②与同类的体育旅游资源相比，具有哪些优势和劣势，是否可发展为较高质量旅游资源的潜力；

③是否和周边其他地区的旅游资源形成优势互补的促进关系，从而弥补质量上的欠缺；

④现有的体育旅游资源是否可以在成本可控的前提下，发展为优质资源。

⑤当地经济、文化与社会氛围，是否具有开发、提升和经营高质量旅游资源的能力。

2. 区位条件

区位条件是指一个地区与周边各项资源的综合关系，包括位置关系、地域分工关系、地缘经济关系以及交通关系等。体育旅游资源的开发和利用，必须考虑区位条件，这是体育旅游资源发展的物质基础。在考察区位条件时，需要从位置条件和交通条件两个方面着手。

3. 市场条件

体育旅游发展是一种市场行为，因此必须考虑它的市场需求、定位以及市场份额等情况。比如，体育旅游规划过程中对市场需求的分析和预测，就是对未来经济效益的预期分析，决定着旅游规划的成功与否。

4. 环境条件

环境条件包括一个地区的自然环境、人文环境、社会风气、基础设施情况、当地的消费水平等，这些都是影响地区旅游业发展的重要因素，特别是区域的经济发展水平是进行体育旅游开发的前提条件。

5. 设施条件

（1）基础设施条件

基础设施建设是现代社会文明程度和先进程度的集中体现，也是一个国家社会发展潜力的外显。如果基础设施健全，那么无论是发展经济、教育、科技、医疗或者旅行都具有稳定的支撑意义。就体育旅游而言，一个地区的交通、酒店、通讯、商业服务、水电、绿化、环保、卫生事业等工程设施和社会服务设施的健全程度,决定了体育旅行发展的可预期程度。

（2）体育旅游设施条件

体育旅游设施专门是指那些有利于构建体育旅游项目的条件和设施,如围绕着体育运动休闲项目建设起来的酒店、餐厅、交通、购物、医疗卫生设施等。

（二）体育旅游发展的现状分析

1. 体育旅游发展的速度分析

分析体育旅游业的发展速度,需要结合当地的经济发展速度、人口增量、第三产业的发展速度等进行综合的分析才具有实际意义。

2. 体育旅游发展的地位分析

（1）体育旅游业在该地区国民经济及第三产业中所占的比例;

（2）体育旅游业每年在国民经济以及第三产业中所占比例的变化趋势是怎样的,是稳定增长,还是逐年后退,以及其排名是否在较靠前的位置;

（3）当地政府的重视程度和支持力度,表现在政策扶持和资金投入上具体是什么情况;

（4）在全国同类体育旅游业相比占有怎样的位置。

3. 体育旅游资源开发现状分析

（1）了解体育旅游资源开发现状能够表明该地区体育旅游发展所处的阶段,能够全面分析体育旅游业的发展规模和状况;

（2）体育旅游资源的开发,是否具有科学的空间布局;

（3）体育旅游资源是否实现了较高现实价值;

（4）旅游功能综合开发的丰富程度。

（三）体育旅游发展的策划与创意

体育旅游系统规划工作中,其中策划与创意部分体现着体育旅游规划的核心价值,是发展体育旅游规划中需要投入最多资源和精力的环节,也是最具回报潜力、最能体现规划水平的部分,包括目标定位、品牌策划、主题设定、形象打造等。这是决定体育旅游规划的品质与品位的重要环节,并且决定了该地区体育旅游发展的经济效益、社会效益等。

（四）体育旅游发展的设计与实施

设计与实施环节,也是体育旅游发展的重要内容,它们决定着体育旅游业的发展速度和发展质量,以及发展周期。

1. 体育旅游吸引力设计与建设

体育旅游消费具有较强娱乐消费和冲动型的属性,对体育痴迷的人群,都在情感宣泄上具有明显的诉求。而体育旅游吸引力应该把握住消费者的心理,针对目标人群,进行吸引力的设计,对主要的组成元素进行吸引力的评估,如景区景点吸引力、体育旅游活动吸引力、体育旅游设施、环境及服务特色吸引力等。其中每一个吸引力变量,都具有发展、优化和建设的空间,这是体育旅游发展规划的重点内容。

2. 体育旅游基础设施的安排与建设

在体验经济的影响下,人们对各种消费都提出更高的体验预期,并且将消费体验放在了较靠前的位置。在体育旅游发展中,应该尤其重视这一点,在消费者亲历的每一个环节,都有很多重要的卡点,如果能准确地把握这些环节,就能获得较好的反响。

其中,基础设施是最基础也是最重要的内容,体育旅游基础设施包括旅游交通设施、接待与服务设施。通过完善基础设施和服务质量,能够保证体育旅游具有较高的品质,进而让该体育旅游地区、项目获得长久、稳定的发展。

（五）体育旅游发展的支持保障系统

以上所有内容的实施和落成,还需要有一个健全高效的支持保障系统作为后盾。体育旅游发展的支持保障系统同样是一个涉及多行业和多领域的综合系统,包括资源与环境保护、政策法规、人力资源、财政金融等方面。体育旅游发展规划的支持保障系统具有以下几个主要功能。

（1）资源与环境的保护规划,决定着体育旅游是否具有可持续发展的可能;

（2）政策的保障规划,可以主动争取有力的政策支持,从而为发展谋得先机;

（3）人力资源规划,保证了体育旅游项目的经营管理与服务人员的水平,是体育旅游项目口碑与品质的重要保障;

（4）财政保障规划,一般是指通过融资从而获得充裕的资本支持,这是保证项目发展的高度与速度的重要条件。

二、体育旅游发展规划的目标体系

（一）体育旅游总目标

体育旅游发展规划的总目标,是指纲领性和指导性的发展规划,它对未来体育旅游的发展提出整体的方向和水平要求。但与此同时,总目标并非不涉及具体的规划,而是对重点目的有明确的描述,包括对发展周期、经济效益以及社会效益等,都有着明确的要求,是对未来体育旅游发展的一种规划,在多个维度上都要有清晰的描述。

（二）体育旅游区域贡献目标

旅游业具有较强的关联带动效应,因此,旅游业的高度发展对区域发展具有显著的积极影响。一般来说,贡献目标类往往包括经济、社会、生态三个方面的内容,亦即包含以下三个分目标,如图6-3所示。

1. 经济贡献

体育旅游区域发展,必然给当地的经济发展带来影响。一个成功的体育旅游区域,会极大地带活整个地区的经济发展,包括酒店、餐饮、交通、纪念品等多个方面。

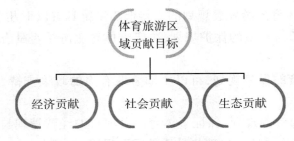

图 6-3　体育旅游区域贡献目标的分类

2. 社会贡献

社会贡献是指通过体育旅游,能够在一定程度上带动该区域的社会发展进入快车道,由于与外界的交流沟通增多,有更多的人走进来,就会让更多的人走出去,去更大的世界发展,从而激活了一个地区的活力,对文化和经济建设都产生积极影响。

3. 生态贡献

生态贡献是指通过体育旅游,强化人们的环境保护意识,带动社会各界力量在生产和生活中,将环保和生态作为自身发展的一个指导和目标,从而对当地的生态产生根本性的贡献。

(三)体育旅游行业发展分目标类

1. 旅游产业整体分目标

旅游产业整体分目标主要反映目的地旅游产业发展的总目标,是体育旅游发展规划的基点,它规定了旅游规划对象的发展总水平和总方向。

2. 旅游形象发展目标

该目标主要是指对旅游规划区建立鲜明的、有别于同类竞品的总体形象,重点是根据该项目的特色,升华提炼出符合人们思想和情感诉求的某种文化导向和价值观。

三、体育旅游发展规划的方法体系

尽管体育旅游规划发展时间较短，在很多方面还没有沉淀出完整理论，但是经过近些年的实践和摸索，也逐渐形成了其独有的一套方法体系，并且从系统性来看，已经较为完整，如图 6-4 所示。

图 6-4 体育旅游发展规划方法

（一）综合分析法

综合分析法实际上就是对多变量的分析，是最初的普遍分析方法之一，但是由于早期的计算机运算系统并未普及，因此综合分析法的效率较低，不能及时进行实际的指导和反馈。因此，尽管综合分析法在理论上其地位无可撼动，但是在计算机算力提升之前，实际表现却差强人意。

（二）系统规划分析法

系统规划法的雏形是综合动态法。它强调了规划过程是一个周期性的重复过程，增强了时间变量的权重，因此需要每隔一段时间就要进行一次计算和分析。

（三）社区分析法

社区分析法是指从社区的角度去开发和规划旅游服务，把旅游目的地当作一个生态社区,即将旅游与当地生活更加自然地融合,而不是像大多数旅行团那样,他们提供的服务可以简单地总结为带领游客观光、拍照、购买纪念品等僵硬的、刻板的消费。这种旅游体验也仅能体验到非常初级的新鲜感,无法真正领会当地的人文底蕴和烟火气。并且,对当地居民的生活也形成一定的干扰,特别是一些相对原生态的山区、少数民族聚集区的景点更是如此。社区分析法将当地居民的参与度也放入旅行规划中,使居民与游客产生更为自然的交集,又最大限度地不产生反感和冲突情绪。

(四)门槛分析法

门槛分析法最初应用于分析城市发展,对城市发展的可能性进行综合分析,进而更加科学合理地进行城市规划。因此,用于分析体育旅游具有较高的契合度。

简单来说,门槛分析法是将资源分为两大类:一类是随着需求的增加成比例渐增的资源;另一类是容量只能跳跃式地增加并产生冻结资产现象。同时把旅游业中的资源按功能特征分为三种:

(1)旅游胜地吸引物,指风景、海滨、登山和划船条件、历史文化遗迹等。

(2)旅游服务设施,指住宿、露营条件、餐馆、交通、给排水等。

(3)旅游就业劳动力,指服务于旅游业的劳动力。

(五)SWOT分析法

SWOT分析法是应用于多个领域的非常重要的一种分析方法,特别是用于分析目标对象与同类竞品的优劣势对比,扬长避短,找到发展的突破点。S、W、O、T分别代表着优势、劣势、机会、威胁四个象限(图6-5)。

在体育旅游发展规划的初期,通常有不止一个项目可以发展,那么此时就需要采用SWOT分析法进行对比和分析。通过列举与对比各个目标物在优势、劣势、机会与威胁四个象限的具体表现,进行权衡并做出最后的决定。需要注意的是,没有绝对的优势和劣势,机会与威胁,一切都是在发展中进行的,今日的优势也许就是明日的劣势,此刻的威胁也许善加利用也会转化为机会,因此,进行 SWOT 分析的过程,也是一个辩证分析的过程,需要审时度势,也需要通盘考虑,在时间与空间的各种变量中寻找最佳决策。

图 6-5　SWOT 分析法图解

第三节　合理选择体育旅游发展规划模式

体育旅游业的发展也遵循着事物发展的内在逻辑,具有一定的客观规律,因此,在进行体育旅游发展时,要选择适合当前发展阶段的模式(图 6-6),才能获得最佳的发展效果。在不同的历史时期,会受到当时时代背景的约束,这是无法跨越的内在规律。"只有合适的才是最好的",这一普遍真理同样适用于指导体育旅游规划的发展。

一、资源导向模式

资源导向模式是体育旅游发展规划早期的一种模式。当时的体育旅游也还是一种新鲜事物,人们对这一概念还处于探索和尝试的阶段,因此在实践中,尚未打开思路,主要还是借鉴以往的旅游规划模式,即以资源为基本导向,根据当地的资源发展旅游业,体育元素并没有得到真正的发挥。

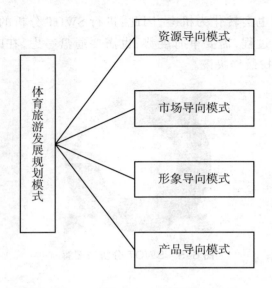

图 6-6　体育旅游发展规划模式的种类

（一）资源导向模式关注的焦点

体育旅游发展规划的资源导向模式关注的焦点集中体现在体育旅游资源的调查、分类评价以及对这些旅游资源的开发规划等方面,这一关注的焦点是由当时的旅游业发展水平及其在国民经济和社会发展中的影响所决定的。

1. 改革开放的初期阶段

当时的社会发展水平还处于社会主义的初级阶段,人们还处于解决衣食温饱的水平,还没有能力更没有意识去开展旅游等消费娱乐活动。

2. 旅游市场形成的初期

进入社会主义市场经济之后,我国的经济取得了惊人的发展成果,这时候,人们的生活逐步富裕起来,开始有了物质之外的更高的精神追求,因此迎来了旅游业发展的初期,当时的旅游规划和市场意识也十分淡薄,还处于萌芽阶段。

3. 体育旅游发展的初期

随着旅游业发展的逐渐成熟,市场逐步细分,体育旅游慢慢成为其中的佼佼者,并且具有了一些先发优势。但与此同时,由于体育行业的规划人才、管理人才和服务人才的缺乏,以及规划管理的不足,因此,这一时期的体育旅游规划,主要表现为发展规划的体系不系统、不完整,因此难以形成规模效应。

（二）资源导向模式的规划思路

资源导向模式的规划思路主要体现为对地域资源的利用与开发方面。因此,主要围绕着当地的自然、地理、历史等条件开展策划。因此,以资源为导向的规划模式,其规划思路主要体现为从本地旅游资源的基础情况出发,制订适合本地旅游发展的计划,不足是没有在此基础上产生更高层次的创新,因此主要是存量思维的发展思路。

二、市场导向模式

市场导向模式产生于体育旅游发展规划的发展时期。由于体育旅游发展已经逐渐形成一定的规模,因此,市场研究开始显现出它的重要性和必要性,这一时期的体育旅游开发和建设,主要是基于市场分析与定位,以市场的发展和反馈为重要的参考。

（一）市场导向模式关注的焦点

市场导向模式关注的焦点就是旅游市场,整个体育旅游发展规划都要以市场为研究的核心,针对市场上各种需求类型,开发出相应的旅游产品,以满足不同旅游消费者的需要。

（二）市场导向模式的规划思路

在市场导向模式中,摆脱了恪守资源的保守思维,而是以市场需求为出发点,即市场需要什么便开发什么,没有条件努力创造条件。于是,

"客源市场分析"作为一项重要的内容出现在体育旅游规划的报告中。

不过这时候由于市场发展水平，以及相应的策划人才的局限性，导致并没有真正实现以市场为导向的体育旅游规划，属于有想法、没办法的尴尬处境，因此有些名不副实。此时的市场导向模式还过于概念化和简单化，意识与现实无法对接。

三、形象导向模式

进入形象导向模式，意味着我国的体育旅游规划发展走到新的发展阶段，是从简单到复杂、由初级阶段发展到演化提升阶段。这一阶段有两个重要的背景因素发挥了关键的作用，一个是相关的理论依据由单一到多元，另一个是参与规划研究人员的学科背景，同样地呈现出从一元到多元的趋势，也就是说，此时的理论支持和规划者都明显地具有复合型的趋势。

由于旅游市场进入了激烈的竞争阶段，各旅游企业或旅游目的地均遭遇到旅游增长乏力、经济效益不佳的困境，因此，人们希望通过从创建新的形象与主题这一手段，寻求突破，获得结构性的转型，从而推动旅游业的可持续发展。

（一）形象导向模式关注的焦点

形象导向模式是从系统开发的角度，对旅游目的地进行整体的形象策划，进而规划体育旅游项目发展。通过确立和塑造满足当下人们心理的新形象，来刺激和提升体育旅游资源的有效整合。

1.针对某一形象建立系统式优势

形象导向模式是对一个含有体育元素的有机系统进行整体的形象设计。从系统论的观点出发，系统的功能是由一组客观事物所构成的，通过对这些元素的有机组合，促进和制约相应的功能，最终产生具有特定目标的系统。体育旅游就是对某一体育旅游元素的形象定位后，通过系统的功能实现综合效能的提升，从而制造结构性优势并占领市场先机。

2. 主题形象塑造与提升

主题形象塑造是指准确地抓住消费者的心理需求,通过塑造迎合消费者心理的形象,来吸引人们产生旅游和消费的冲动。这是现代经济学与心理学的高度结合的体现。

（二）形象导向模式的规划思路

首先,形象导向模式具有系统式思维,而不是原来的以点到线到面的思维模式。系统式思维的优势是具有强大的后发势能,通过准确把握消费者心理和市场供需关系,从实物消费转向体验消费,这是市场经济进步的体现。

其次,形象导向标志着体育旅游规划从存量思维彻底转向了变量思维,并且将现有资源进行创新式利用,即以终为始,市场需要什么就塑造什么,从而实现对资源的创造式利用。

四、产品导向模式

产品导向模式是目前最新的规划模式,这是商业模式进入高级阶段的体现。当前的市场消费,形成了以产品为基本单位的高度竞争阶段。每一个产品都是满足某种需求的资源和功能的集合。以产品思维规划和管理体育旅游项目,就是利用线上与线下的数据,完成用户画像、竞品分析、功能拆分、产品迭代等产品经营手段,是体育旅游产业趋于成熟的表现。

（一）产品导向模式关注的焦点

产品导向模式更为聚焦、更具主动性,通过品牌管理、市场营销、主题策划等一系列的商业手段,针对不同的细分市场打造出更加生动的体育旅游产品,从而不断推动旅游市场的发展。

（二）产品导向模式的规划思路

产品导向模式是从有形的资源导向模式和无形的市场导向模式中，发展出来的更为成熟、更为灵活且具有很强的主动性的思维模式。在大数据的支持下，产品导向自有了智能型属性，能够准确获取消费者的诉求，从而开发设计具有较强针对性的体育旅游服务，实现智能化的体育旅游发展规划。

第四节　基于全域旅游规划的体育旅游发展研究

一、全域旅游规划的基本思想

全域旅游规划是目前我国倡导的一种旅游规划思想，这是基于我国的基本国情制定的基本发展策略，这是因为，我国幅员辽阔，地貌丰富，民族众多，有丰富的人文和自然遗产分布在祖国的不同地区。如果能够发展全域旅游规划，那么可以将这些资源连接起来，发挥矩阵效应，也会产生更高的社会效益和经济效益。

（一）打造区域全景点旅游项目

告别单一化的关闭式景区，建设区域全景点项目，将以往的"点线"式旅游逐步转化为"片域"式旅游，提高区域旅游的整体竞争力。

（二）避免了同质化项目的重复建设

通过全域旅游规划，可以有效避免了同质化项目的建设，降低不必要的成本投入。将有限的资源和时间用于建设更具独特性和唯一性的项目上，从而全面提升工作成效。同时防止区域旅游链环节出现短板，提升旅游全过程的服务质量。

（三）扩大旅游这一龙头产业的融合面

融合发展是未来各个行业的发展趋势，必须加强不同行业间的合作，寻求互补和协同发展效应，是破除发展瓶颈，获得新一轮持续发展的必经之路。就体育旅游业而言，应该积极扩展旅游的潜在发展空间，寻求"1+1"≥2的组合优势，进一步探索"旅游+"模式的更多可能性，转变单一的"景观旅游"理念，促进资源优化与再生，实现区域内的共建共享。

二、全域旅游规划的体育旅游发展模式

（一）以体育元素为核心的融合发展模式

现代旅游业进入高度的细分市场竞争阶段，每一个旅游产品都发展得十分成熟，同时也遇到了各自的发展瓶颈，因此，通过融合发展是当下的一个主要探索方向。因此，围绕体育元素建立融合发展模式是一种较新的形式，以体育赛事带动旅游消费。比如，围绕着马拉松、足球、F1等赛事策划专门的体育旅游产品，可以让消费者在一次消费中获得更为丰富的体验。

（二）以观光资源为核心的融合发展模式

以观光资源为核心的融合发展模式，是用体育消费为现有旅游景区再次赋能。比如，在一些知名的旅游胜地周边，增建合适的体育休闲项目，这不仅能够激发更多的旅游活力，而且提升了服务体验，可以有效刺激单次的消费额以及单客的消费频次，产生更好的经济效益。

（三）以营销一体为核心的融合发展模式

以营销一体为核心的融合发展模式，是指全方位提升体育旅游服务

的质量和体验，深度优化体育旅游产品中的吃、住、行、游、购、娱等单项服务体验，拒绝同质化服务，从产品、服务、保障、品牌等多个角度入手，实现营销一体的发展模式。

第七章　体验经济视角下体育旅游市场营销管理

　　在体验经济视角下,体育旅游获得新的发展路径,如果能够在市场营销管理方面适当加入体验的元素,可以将体育旅游发展带入另一个发展周期。本章将从体育旅游市场营销环境分析、体育旅游营销策划、体育旅游市场经营与管理、体验经济时代体育旅游的体验营销与发展对策,以及体育旅游企业数字化运营管理等方面进行分析。

第一节　体育旅游市场营销环境分析

一、体育旅游市场营销环境的含义

体育旅游市场实际上是一个包含诸多行业的综合市场，要分析体育旅游市场就需要对其组成部分逐一进行界定、分析。要研究旅游产业，除了研究景区的经营管理情况之外，还要对相关行业进行分析，如要掌握相关的酒店、交通、旅行社、餐饮、商业购物环境的经营管理情况。因此，体育旅游市场营销都是在一定的时空条件下开展的，这一时空条件就是体育旅游市场营销环境。

二、体育旅游市场营销环境的特性

（一）差异性与一致性

体育旅游市场是区域市场的组成部分，在整体上，与所处地区的整体市场环境是相一致的。该区域的整体营商环境优良，那么体育旅游的整体营销环境也一定在这样的区间内。但是，在不同的地区，甚至不同的国家，其市场营销环境则有较大的差异。比如，F1赛事在不同的国家或地区举办，就会带动一波当地的旅游消费。但是在西班牙、中国和新加坡等不同体制的国家，它的营销方式就会不同，就会体现出一定的差异性，这一特性要求旅游企业要因地制宜地制定与所在地区相适宜的市场营销方案。

（二）整体性与地域性

市场营销是当今社会重要的商业行为，无论在哪个行业，都会具有一定的整体性和地域性的特征。体育旅游市场营销与社会环境和自然环境的相关性表现得更加紧密、更加明显。在开始市场营销之前,需要对目的地的自然环境、社会环境、人文环境和经济环境等进行整体的分析和研究,从而能够较为全面地、系统地掌握该地区对体育旅游项目的接纳程度,以及对发展周期和商业回报有一个较为合理的预期。

除此之外,由于体育旅游高度依赖旅游区域有形或无形的资源,因此,还要对目的地的地理位置、历史文化、风俗传统、名胜古迹等进行了解和实地考察,从而才能选择最为合适的营销策略和方案,发展其独特性和差异性,最终达到较为理想的营销效果,这是体育旅游市场营销的地域性特性。

（三）相对性与绝对性

体育旅游市场营销环境还具有相对性和绝对性的特点。在我国政府的领导下,国家的政治经济制度都十分稳定,我们的国家处于稳步向前并逐渐从大国向着强国发展的过程中。在这期间,由于社会的不断发展,对各个行业的营商环境而言,有些因素的稳定是相对的,而不断变化却是绝对的。

因此,在进行体育旅游市场营销的过程中,要具有以上的基本意识,一方面要相信体育旅游市场是稳定的、逐渐向好的,另一方面还要保持发展的心态,时刻关注社会的发展动向,随时做好适应市场的准备。

三、体育旅游市场的宏观环境分析

在进行体育旅游市场营销时,首先要做的是分析宏观环境。一般来说,宏观环境包括人口数量和组成结构、经济发展程度、政策与法律的实施情况、自然生态的特点、体育活动的普及程度等。这些环境因素短期内不会发生大的变化,这一点可以从两个方面来理解。一方面是需要企业具有一定的灵活性和变通能力,才能适应这些环境,谋求较好的发展;另一方面这些因素是稳定的,因此风险也是相对可控的,对企业的营销行为具有潜在的保护作用。

（一）人口环境

人口环境是指某一地区的人口数量、人口结构、受教育程度、民族情况、就业情况、性别比例等情况，这些因素对体育旅游市场营销具有重要的影响。例如，在发展较快的一二线城市，聚集了全国各地的青年人，而且大多是具有较高文化水平和较高收入的高级人才，他们思想意识领先，具有较强的精神层面的消费诉求。而在偏远地区，由于当地经济发展滞后，许多年轻人都外出打工，留下的大多是老人和孩子。如果这些地区具有发展为体育旅游区的潜力，那么仅有老人和孩子是不够的，还需要鼓励当地的年轻人留在家乡，参与发展和建设自己的家乡，这样才有可能更好地利用当地的体育旅游资源。总之，人口因素是体育旅游营销的重要环境因素。

（二）经济环境

经济环境也是体育旅游营销的一个重要环境因素。整体来看，在国家经济发展态势强劲、国民收入水平持续增长的情况下，人们的消费预算也会相应地提升，消费的构成也会出现转变。比如，在经济发展缓慢的时期，大众的主要消费都集中在衣食、住房、医疗等最基础的生活消费层面。而当经济条件提升之后，人们的基础生活物资得到极大的满足，之后便向着娱乐、旅游等方面迁移，这对体育旅游而言，迎来了发展的机遇。

（三）政策与法律环境

政策与法律环境是指国家在旅游政策方面的指导思想和政策倾向，简单地说就是国家对鼓励发展旅游和限制发展旅游之间的平衡。旅游政策是国家整体发展战略的一部分，是以维护国家的政治、经济，民族利益为出发点，根据当时的社会发展情况会有一些暂时性的调整。比如在新冠疫情期间，为了有效遏制病毒的传播，国家对出境旅游和境内旅游都有不同程度的限制。因此，体育旅游企业应该时刻关注国家的相关政策法规动向，才能做好相应的调整和适应，确保企业的持续性发展。

（四）生态环境

随着全球变暖和气候危机越来越严重，生态环境也成为影响体育旅游市场的重要因素。不同的生态环境可以给体育旅游市场营销带来不同的效果。比如，在生态环境十分优越的地区，就会具有许多便利条件，在无形中对体育旅游产生加持作用。而特殊的生态环境，又为营销者提供了绝佳的商机。在生态环境十分恶劣的环境，体育旅游的开展将变得非常困难。

（五）社会体育文化环境

体育旅游发展的前提，是人们对体育和旅游具有一定的了解和热情，从而产生消费欲望。因此，社会体育文化的普及程度，是体育旅游市场的潜在条件。社会体育文化环境的养成，需要一定的精神与物质基础，而且还需要一定的时间，人们的认知水平和消费行为，需要一定的时间才能形成。并且，不同的受教育程度、信仰、风俗习惯等，都会对人的生活方式和价值观念产生潜移默化的影响，并表现为种种具体的市场需求，这就是体育旅游营销要研究的内容和策划的方向，目的就是有针对性地满足人们的体育和旅游的双重需要。

四、体育旅游市场的微观环境分析

一般来说，旅游市场微观营销环境包括旅游企业、供应者、营销中介、旅游商品购买者、竞争者和社会公众。这些因素相对更容易受影响和发挥作用。因此，体育旅游企业在进行市场微观环境分析时，可以发挥一定的能动性，选择或引导对企业旅游发展有利的因素进行营销策划。

（一）旅游企业

在实践工作中，比较容易被忽视的一个因素，也是最重要的一个微观环境，是旅游企业自身的环境情况。比如企业的各个职能部门的功能,以及各个部门之间的衔接程度等,这些属于企业内部的物力、人力、财力等情况,它们共同决定着企业的发展实力和市场竞争力,这些是市场营销的前提条件,决定着市场营销的水平和效果。

(二)营销中介

在体育旅游产业中,还有一个比较重要的角色是营销中介,有些旅游企业将市场营销环节外包给更加专业,具有强大营销资源的组织或者个人,即营销中介。营销中介是市场营销不可或缺的中间环节,是现代旅游发展进步的体现,只有市场发展到一定程度,才会出现分工明细的情况。因此,对营销中介足够重视,是体育旅游发展的重要前提条件。

(三)竞争者

在进行体育旅游市场环境分析的过程中,不可忽视的一个因素是同业竞争者。正是众多的同行共同建设着现在的体育旅游市场,同时也一起分享体育旅游这块丰美的蛋糕。体育旅游具有较大的同质性,同样的体育项目和同样的旅游目的地,如何吸引消费者选择自己的服务呢,首先要对比和分析竞争者与自己的优劣势。知己知彼,百战不殆,只有足够地了解了竞争者实力、优势和劣势,才能有针对性地制定营销策略和策划旅游产品,从而实现差异化竞争优势。

(四)体育旅游者

体育旅游者是旅游企业的服务对象,是进行微观营销环境分析中最重要的一个因素。只有对体育旅游者有了全面且准确的了解,才能更有针对性地设计体育旅游产品,精准地推送营销广告,吸引和促成目标人群的购买和消费。

(五)社会大众

体育旅游最终是为社会大众服务的,因此,其营销的对象也是社会大众。因此,旅游企业必须时刻关注大众的情绪与体验反馈,通过及时搜集和整理用户数据,掌握最直接的市场信息,并向不同群体精准地投入营销方案,从而提升体育旅游的社会效益和经济效益。当然,社会大众是一个过于宽泛的概念,在具体的分析中,还要进一步地划分,以便发展有明确指向的目标客户群体。

第二节　体育旅游营销策划

一、体育旅游市场营销的策划方案

一份完整的体育旅游市场营销策划方案通常主要包括以下几部分内容。

（一）执行概要和目录

策划方案是一份完整的计划书,因此要包含策划目标、机会分析、营销手段、执行方案、预算以及风险评估等。方案的开篇,需要阐明方案的整体思路和主要卖点,以及方案的目录两部分。

1. 概要

概要即用最简练的语言,将整体的策划目标和策划思路以及策划内容作一个简单的介绍,方便客户能够快速理解策划的核心与重点。

2. 目录

目录是策划书的功能展现,能够直接反映策划书的全貌,因此必须思路清晰,内容翔实,并且重点突出,从而为客户的阅读和浏览提供方便。

（二）当前营销状况

每一份策划书都是对未来即将展开的商业行为做出的行动方略,但是它的前提必须是建立在对当前状况,尤其是营销状况的清晰把握之上。当前营销状况包括体育旅游产品在当前营销中的市场情况、竞争情况、分销渠道等,在此基础上,客观分析当前营销的成功部分和不足的部分,从而为下一步的发展提供方向。当前的营销状况与市场反应,是对以往的营销策略的直观检验。对当前状况的分析,包括对当前机遇与挑战的分析,以及对当前市场的匹配程度等,这些有助于明确企业自身的定位,也有助于选择合适的目标市场进行营销。

（三）营销目标

营销目标是策划方案的核心内容,是制定其他内容的前提,也是实施营销行动的指引。营销目标的制定,必须根据市场、客户需求以及企业自身的综合实力研判,确定切实可行的营销方案,同时,还要保证该目标具有一定的差异性,能够在市场上具有一定的竞争力,从而获得较好的市场反馈以及盈利,这才是营销的目的。目标一经确立,就要积极付诸行动,为达成目标而努力。

（四）行动方案

行动方案决定着策划方案的落地情况,一份优秀的策划方案不仅要在理论上自洽,更重要的是具有较强的实践性,能够切实地采取行动,有计划、有步骤地实现目标。因此,行动方案要根据客观实际明确每一个细节,该做什么,需要投入多少成本,会获得怎样的成果,由谁负责,中间可能会遇到的问题和对策等,都属于行动方案的内容。

总之,行动方案一定得细致、全面,要对可能发生的情况有过全盘推演,并制订出一套最为有效的行动计划,为实际执行工作做好准备。

（五）预算

营销是一项商业活动,会涉及许多费用的问题,因此,在初期必须做好预算。包括需要投入多少人力,给中介商的预算是多少,需要购买哪些物料,市场研究和活动执行过程中会产生的所有费用都应划在预算里,并做好充分的财务准备,保证营销活动的顺利开展和完成,并努力达到预期目标。

二、体育旅游市场营销的策划方法

一般地,体育旅游市场营销策划的方法分为产品策划、时间策划、空间策划和促销策划四种(图 7–1)。这四种策划并非各自独立,实际上它们彼此之间有一定的促进作用,也存在一定的交集。总之,它们是通过不同形式的策划实现市场营销的目的。

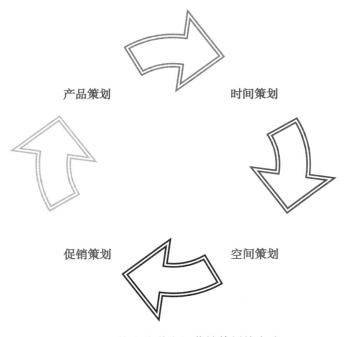

产品策划　　　　　时间策划

促销策划　　　　　空间策划

图 7–1　体育旅游市场营销策划的方法

(一)产品策划

产品策划是指对具体的体育旅游产品的策划。体育旅游产品主要是以服务的形式存在,一般不涉及实物部分,或者说实物不是产品的主要构成元素。因此,体育旅游产品的策划更多的是体验型、服务型的产品策划。现代社会,只有高品质的、具有文化多元性的体育旅游产品才能击败对手占领市场。因此,当前的体育旅游市场竞争激烈,从业者只有不断地创新,才能保持一定的市场份额,才能获得持续发展。因此,对体育旅游产品的策划决定了企业的发展前景。一般地,体育旅游产品有很多组合形式,常见的有以下三种。

1. 时间组合型

时间组合型是指以季节变化为依据,进行旅游产品的策划,如冬季的冰雪运动游,夏季的帆船、冲浪游等。

2. 空间组合型

空间组合型主要是根据某些运动项目的举办而进行跟随性的旅游产品。比如一些世界级的赛事,每年或者每季都有不同的举办地,那么一些发烧型粉丝会到举办地观看比赛,并附带游览周边的风景名胜,品尝当地的美食,体验独特的风俗文化等。

（二）时间策划

体育旅游的特点之一,就是具有一定的季节导向,因为很多体育项目都会在专门的季节举办。例如,冰雪运动、水上运动和登山运动等,在时间上具有明显的划分。一般来说,夏季是登山旅游项目、水上运动项目的高峰期,如登珠穆朗玛峰会选择夏季,而去夏威夷进行冲浪运动则会集中在 6—9 月间。

（三）空间策划

空间策划主要是指根据特定的空间,如海边、雪山等具有较强观赏休闲价值的目的地开展的策划方案。在该空间内,可以结合一定的体育项目,从而增加旅游的内容和层次,丰富消费者的体验。

（四）促销策划

1. 广告促销

广告是最常见的促进销售的方式,也是人们最熟悉、识别度、接受度最高的方式,也是最直接且见效最快的方式,能够在极短的时间内,将相关的体育旅游信息传达给大众。但是也正是由于人们对广告这一形式已经司空见惯，因此有时候也最容易忽略，要想真正获得关注，就需要对广告的形式、内容下足功夫，产生较好的效果。

2. 宣传品促销

宣传品促销也是商家直接面向潜在客户的一种推广销售的方式，通过一些讨人喜欢的、设计精美、可随身携带或者具有一定功能的物品，随机地送给潜在客户，从而达到帮助宣传品牌，或者传播产品的目的。常见的宣传品如小宣传册、小蒲扇、钥匙扣等都属于体育旅游宣传品。

三、体育旅游市场营销的实施

体育旅游市场营销的实施具体包括如下工作环节。

（一）制定行动方案

有了营销计划之后，接下来最重要的工作就是制定行动方案，这是体育旅游市场营销实施阶段的首要任务。行动方案是指根据营销目标及当前的营销状况，科学制定实施步骤，从时间线和目标线两个维度进行把控，合理安排任务，科学调度资源，在预期的时间内，完成营销策略。

（二）建立组织机构

建立组织机构是指根据需要建立相应的行动小组，分配相应的工作内容。在具体的实践中要注意做到以下两点。

（1）分工要明确。即把全部工作按照部门进行分工，并明确到具体的人员，以及具体的工作时间和完成时间。

（2）注意部门间的协调和配合。营销的进行是一个多部门协调完成的工作，因此，注意不能单打独斗，应该发挥组织的功能，全面地、科学地开展工作。

（三）设计报酬制度

营销是一个长期过程,如对一个体育旅游产品的营销可能是几年的长期行为。因此,为了保持相应人员的工作积极性,应该在最初就和营销策略一起设计出报酬制度,用于激励员工长期保持营销工作的有效进行。当然,报酬制度一定要合理,既能够起到激励员工不断推进工作的作用,而且还不会给企业带来较大的负担,只有这样才能保证营销工作长期稳定地开展,并取得预期的效果。

（四）强化企业品牌

尽管一般的体育旅游营销是针对产品的推广和销售进行的,但是产品的成功在很大程度上是靠品牌背书的。因此,在实施市场营销的过程中,应该始终不忘对品牌的强化和打造,使其深入人心。当然,首先要在品牌定位准确的前提下进行,通过一个个取得良好市场反馈的产品,不断打造一个具有影响力的超级品牌,才是营销的终极目的。

（五）优化企业文化

实际上,在进行市场营销的过程中,也是不断优化企业文化的过程。一个企业在建立之初,就应该着手打造自己的企业文化,因为文化一旦形成,就很难改变。并且,企业文化具有自身的生命力,它需要企业的创始团队共同奠定文化的基调,然后在企业的发展过程中,在与市场的不断交流碰撞中,随时进行调整和优化,从而对企业的发展起到指导和约束的作用。

第三节　体育旅游市场经营与管理

一、体育旅游市场经营策略

（一）体验经营

体验经营是企业让目标消费者通过观摩、尝试、试用等方式，亲身体验企业提供的产品和服务，让消费者实际去感知产品和服务的品质或性能，从而让顾客了解并且采取购买行动的一种产品经营方式。体验通常是由于对事件的直接观察或是参与造成的，不论事件是真实的，还是虚拟的。体验会涉及顾客的感官、情感、情绪等感性因素，也会包括知识、智力、思考等理性因素。

体育旅游的体验性本身就很强，体育旅游市场的产品体验经营具有以吸引消费者体验为卖点，以旅游场景主题为基础，以产品的设计和体验为导向，营销活动以游客为中心四个特点。体育旅游企业在体验经营中所真正关心的是游客获得不一样的体验，旅游产品对游客生活方式的影响，以及游客对于这种影响的体验心情。因此，实施体验经营策略，首先必须有一个"主题"，并且所有产品与服务都必须围绕这个主题进行。体验经营是以游客的需求为中心来指导企业的经营活动，通过以旅游消费者为中心来展开企业和游客之间的沟通。体育旅游企业设计、制作和销售旅游产品和服务时必须以游客体验为导向，无论何种旅游产品，它在生产过程或者售前、售中和售后的各项活动中都要给游客留下难忘的印象。

（二）绿色经营

在可持续发展理念指导下，我们逐渐关注到人类社会的经济活动对自然生态环境的影响,希望能够通过环境保护,实现全球经济低碳、环保和可持续健康发展。而体育旅游景区作为一个开放的空间旅游资源,是与消费者接触最为直接的景观环境,容易遭到人为破坏和环境污染,因此旅游景区更加适合运用绿色营销理念指导旅游企业的经营发展。

体育旅游企业绿色经营是指企业在经营管理过程中,将自身利益、旅游消费者利益和环境保护利益三者结合起来,并以此为中心,对体育旅游产品和服务进行构思、设计、制造和销售。其核心是根据环保和生态原则选择和确定体育旅游营销组合的策略,是建立在绿色技术、绿色市场和绿色经济基础上的对人类的生态环境关注给予回应的一种经营方式。最终目的是在保护生态环境的过程中,获得商业机会,在获得企业利润和消费者满意的同时,达成人与自然的和谐相处。体育旅游市场绿色经营中还要通过旅游地文化内涵的深层次挖掘,引导体育旅游者树立正确的社会价值观、伦理道德观,培养其文明旅游和环保旅游的好习惯。

（三）网络经营

互联网、计算机信息技术的运用,在很大程度上提高了企业与潜在客户之间沟通的效率。目前网络经营已经成为旅游企业比较通用的经营方法。如今,越来越多体育旅游消费者愿意在网络上设计自己的出行路线并定制所需的旅游服务产品,这对旅游企业的网络营销能力提出了更高的要求。网络经营不只是产品的线上销售,网上销售只是网络经营的一部分,网络经营除具有传统经营渠道所具有的发布信息、推广品牌等功能外,还具有搜索信息、开拓销售渠道、管理客户关系等重要功能。

论坛、微博、微信、即时通信等软件的出现,使得买卖双方能够在整个经营过程中实现及时沟通。很多体育旅游企业的网站上设置了企业信箱、留言板、网上调查等板块,通过这些渠道直接获得顾客反馈的信息,了解顾客的需求,拉近和顾客间的距离,增强顾客的信赖感,最终实现企业的良性运转。此外,互联网技术信息容量大、不受时空限制、成本低廉等特性为体育旅游企业市场经营提供了便利,使得企业降低成本,取得可观的经济效益。

（四）植入经营

植入经营通常是指将产品或品牌及其代表性的视觉符号甚至服务内容策略性融入电影、电视剧或电视节目各种内容之中，通过场景的再现，让观众在不知不觉中对产品及品牌留下印象，继而达到产品经营的目的。影视场景植入式经营具备了传统景区广告所没有的独特魅力，它是一种主动渗透的新方式，具有人性化、隐性化特点，巧妙地将旅游产品自然融入影视剧中，更容易被受众接受，从而潜移默化地传达产品信息。比如，影视剧中主人公制定旅游路线出国观赛，或前往异地参加地方特色的户外体育活动。影视场景植入式是传统经营方式无法比拟的，被称为"随风潜入夜，润物细无声"的产品经营利器，能较快提升体育旅游产品的知名度和品牌价值，迅速传达核心功能和新信息。

二、体育旅游市场的营销管理

（一）计划管理

体育旅游市场营销活动是在一定的环境中进行的。为了适应不断变化的环境，应对各种挑战，营销人员应制订切实可行的营销计划，不仅为体育旅游企业经营提供方向，而且为体育旅游企业实现预定的销售目标乃至总体目标规定具体的逻辑步骤。

体育旅游市场营销计划是组织、指导、监督体育旅游企业开展经营活动的一种管理工具。体育旅游市场营销计划一般具有权威性、预见性与可变性等特征。它是经营者对企业未来项目的超前决策，一经管理层审议通过，就可指导旅游企业的营销实践活动，体育旅游企业各部门都必须努力按计划所规定的目标组织营销活动。由于旅游企业的营销环境是不可控的，因此，营销计划必须随着环境的改变而作相应的调整。

体育旅游企业的市场营销计划应通过体育旅游市场调查和预测，根据旅游企业已确定的目标、方针、战略，在综合平衡的基础上编制出来。体育旅游企业营销计划的内容，大致包括内容摘要、分析体育旅游企业当前的营销情况、机会与问题分析、确定营销目标、制定体育旅游市场营销策略、制定行动方案、预算、反馈和控制。

现代体育旅游企业将体育旅游市场营销计划和营销战略实施的任务分配给具体的部门和人员,确定职权界限和信息沟通渠道,协调旅游企业内部的各项决策和行动,以提高旅游企业员工对营销计划和营销战略的共同认识、理解,促进和保证体育旅游市场营销计划的顺利实施。

(二)组织管理

体育旅游市场营销组织具有双重含义。就其最基本的含义而言,它是指一个旅游企业或一个旅游目的地中全面负责执行和管理其市场营销工作的组织机构。体育旅游市场营销组织的引申含义则是指体育旅游市场营销工作的组织或安排方式。市场营销组织是企业开展营销活动的主体。企业的营销组织应能根据外部环境的变化,做出迅速的反应和决策,以增强旅游企业的适应能力和应变能力。

体育旅游企业营销部门的职能范围是组织分析、策划、控制、改善其他部门的活动,同时对体育旅游企业营销活动实行日常性管理。其具体职能包括市场调研、制订营销计划、推销职能、行政管理职能、人事管理职能。在组织管理中要充分发挥这些职能,提高体育旅游组织的运行效率。

(三)战略管理

体育旅游市场营销战略,是指体育旅游企业领导人在现代市场营销观念的指导下,为了实现企业的经营目标,为企业制定的一个相当长的时期内市场营销发展的总体设想和规划,其目的是使旅游企业的经营结构、资源特长和经营目标,在可以接受的风险限度内,与市场环境所提供的各种机会取得动态平衡。

体育旅游企业的经营管理工作,一般可以分为两大部分:一是日常业务管理,在企业经营活动中具有出现频率较高、重复性较大和相对稳定的特点,通常可以制定出一整套相对固定的工作程序作为操作的规范。日常业务管理的决策属于企业中层或基层的短期性或技术性决策,又叫作"战术性决策"。二是战略管理,涉及企业全局性发展方向,如产品方向或市场发展方向的选择,多种经营的发展,企业规模等问题的设计、谋划、抉择和实施,直到企业预期的总体目标的实现。体育旅游企业的战略管理为日常业务管理指明方向和内容,并为后者的行为准则做出总体的框架性规定,日常业务管理是战略管理实施的具体体现。战略管理决策是旅游业最高领导者工作中最核心、最重要的一部分。在体育旅游市场营销管理中,必须做好战略管理工作,并依据战略管理理论指导日常管理工作,提高管理效果。

第四节　体验经济时代体育旅游的体验营销与发展对策

进入体验经济时代之后,对每一个服务行业都提出了新的要求。就体育旅游而言,尤其明显。体育旅游行业作为一个立体的动态的服务形式,要想给客户留下高品质的体验,必须做出多方面的努力。此时,提高营销策略是经营管理中的重要环节。

一、体验经济时代体育旅游的营销策略

（一）确定体验主题

以体验经济为主导的背景下,体育旅游企业应该利用数据手段,及时捕捉市场的消费诉求,并根据自身的资源和优势出发,明确体验的主题,确定市场营销的发展战略。当今时代,各种信息流通极快,并且由于发达的媒体,国内外的同类产品也在第一时间进入消费者的视野。也就是说,现代的消费者见多识广,甚至有些用户远远地走在企业的前面。因此,企业为了跟上时代,获得相应的市场份额,必须精准营销,有针对性地服务垂直市场的客户,努力把客户体验做到极致。

要实现以上目标,旅游企业需要做到以下几点。

（1）对标同行业的最高标准,放眼世界,找到自身发展的方向,并据此确定体验主题。

（2）根据用户精准画像，总结并提炼用户的需求点，在此基础上，寻找最佳资源，将这一体验推至极致。

（3）体育旅游企业除了在本行业内不断精进之外，还应该敏锐把握社会新鲜事物的发展情况，主动发挥创新能力，引进其他领域的新鲜事物，主动为客户创造独一无二的旅游体验。

（二）跨界合作

新鲜的体验有时候不是来自完全的创新，而是大胆地跨界，通过出人意外带给消费者新鲜有趣的体验。体育旅游作为一项综合类服务，实际上还可以联合企业行业的头部品牌，一起打造一些主题体验式的体育旅游活动。通过跨界，可以轻松吸引消费者的"眼球"。

另外，还可以针对不同年龄的消费者举办体验主题的体育旅游。比如，组织足球俱乐部的少年班球员去观看欧洲著名足球俱乐部的比赛，同时增加名校游学的内容，使体育、旅游和游学有机地组合，这对于喜欢体育运动的青少年群体而言，绝对是一次超值的体验之旅。

（三）开发旅游纪念品

传统的旅游活动总是和购物相结合的。人们到达一个新的地方，总是想购买一些当地的特色物品作为纪念。但是经过多年之后，这一传统已被一些不良商家破坏，如旅游团与当地商家联手，将原来的旅游变为强制购物游，从而拉低了旅游的品质，严重影响了旅游者的体验。

在体验经济时代，应该从全新的角度来理解旅游购物。比如，具有品牌影响力的体育旅游企业，可以和一些体育明星合作，专门为某一体育旅游产品设计和制作一款真正具有纪念意义的纪念品，能极大地提高旅行者的体验。

（四）引入 CIS 识别体系

当前，一些企业已经有意识、有计划地、主动地向社会公众展示和传播企业的独有特征，从而形成明显的企业形象。CIS 企业识别系统就是为了满足这一需求而诞生的。CIS由五个要素构成,分别是企业的理念识别、企业行为识别、企业视觉识别、企业听觉识别和企业环境识别。

对于体育旅游企业而言,可以从企业理念、行为、视觉、听觉和环境这五个方面出发,在用户旅游体验前、中、后期,不断地强化该识别体系,并借助视觉、听觉的手段,营造新颖的体验环境,从而带给消费者全方位的体验。但是需要注意的是,引入CIS体系是一个较为复杂的工程,需要保证每个环节的品质,否则反而会事与愿违,给消费者留下不好的印象。

(五)升级顾客数字化体验

在旅游信息化、数字化、智慧化建设的背景下,可以利用物联网技术、云计算、VR等数字化管理信息系统,全方位升级旅游企业数字化顾客体验管理模式。从旅游信息查询、旅游信息指引、旅游缴费、旅游消防、自媒体营销、在线旅游购物等各个方面持续实现数字化产品和服务创新,进而提升顾客旅游体验。例如,国际旅游企业应积极与网络技术公司合作,升级其企业官方微博、APP、官方网站与微信公众号等社交软件服务,完善企业官方微信公众号的服务功能,设置专业岗位维护网络技术。定期编制推送宣传文案、线上咨询和处理投诉等,构建游客与国际旅游企业的数字化售前营销服务和售后沟通服务机制。

二、体验经济时代体育旅游的发展对策

(一)加强人才培养

体育旅游虽然是一种新兴的旅游方式,并且获得了广大年轻人的青睐,但是在很多的方面依然不是特别健全,这就使得体育旅游没有获得预期的经济效益和社会效益。

第一,体育旅游在旅游业中位置并不是特别的稳固,并且往往是一些敢于突破自我或者寻找刺激的年轻人所寻求的活动,并没有成为一种主流的旅游方式。

第二,体育旅游的相关政策和规定也不健全,如果在旅游的过程中

出现问题或者发生意外,该如何处理？向哪些部门反映？发生纠纷以后如何协调解决？这些问题都是现阶段必须着重考虑的问题。

第三,部分承办体育旅游的公司在规模上和具体的操作上,都没有达到一个标准化的效果。从整体的情况来看,部分游客在经济上和身心上都受到了一定的损失和打击并不利于日后的生活和工作。

(二)增强地域色彩

作为体育旅游行业,千篇一律是没有亮点的。要想在游客心中留下深刻的印象,就需要有自己的特色,否则无法在体育旅游市场上竞争到最后。体育旅游的设立要有本地区的地域色彩,利用现有的资源进行项目创新或形式加工,充分展示地区优势,尽最大能力创造价值。

第五节 体育旅游企业数字化运营管理

近年来,在人工智能、云计算、区块链、5G通信以及虚拟现实等一系列以数字化为特征的新型技术的推动下,我国旅游企业将其产品服务运营体系、内容渠道营销体系、客户关系管理体系等业务逐步从信息化、智能化向数字化转型,进而提升数字化运营的核心竞争力,推进以数字化、网络化、智能化为特征的智慧旅游发展。在数字化时代,体育旅游企业也要跟随旅游业数字化转型的步伐,加强数字化改革与创新,开辟数字化运营管理路径。下面简要分析我国体育旅游企业数字化运营管理的几个策略。

一、优化体育旅游管理信息系统的数字化功能

借助大数据升级优化旅游企业的管理信息系统,构建综合服务、管理与营销的旅游企业信息化服务,是旅游企业提升核心竞争力的有效途径之一。在大数据监测系统的支持下,一方面,体育旅游企业可以实时

掌握游客的客流量、消费习惯等,进而提供个性化的体育旅游服务,以便更快地了解并适应体育旅游消费市场的变化,有利于体育旅游企业管理层作出决策;另一方面,优化管理信息系统,能解决国际性体育旅游企业跨越行政区域的限制,实现数据信息的共享,在信息集成优势和组合效率上,有助于建立综合立体的交通、餐饮、住宿、购物等信息资源共享体系,更好地帮助企业管理层合理配置人力资源。

二、打造数字化企业管理方式

在体育旅游产业数字化转型的过程中,将管理信息化和数字化融合到企业战略管理中,创造旅游产业的新价值。因此,体育旅游企业应加强与国内外优质的信息化供应商间的合作,引入全新的信息化管理的设备设施,拓展并优化管理信息系统的预测、监测功能。同时,积极引入信息化领域的优秀人才,设置专业人士与岗位管理维护景区、旅行社、酒店等旅游企业的信息化设备设施。并且根据智慧化旅游建设战略,制定旅游企业信息化、智慧化建设各阶段的规划,统筹建设管理准则机制,规范管理企业的信息化管理系统的建设。此外,旅游企业的数字化运营管理者在建立企业运营数字化体系的过程中,可以结合数据分析的思想,用数据和数字化技术驱动企业的全业务链管理,实现企业的精细化运营模式。

三、升级顾客数字化体验

在旅游信息化、数字化、智慧化建设的背景下,利用物联网技术、云计算、VR 等数字化管理信息系统,全方位升级体育旅游企业数字化顾客体验管理模式。从旅游信息查询、旅游信息指引、旅游缴费、自媒体营销、在线旅游购物等各个方面持续实现数字化产品和服务创新,进而提升顾客旅游体验。

第八章 | 体验经济视角下体育旅游人力资源管理

当前以体验经济为主导的商业环境，实际上是服务向着更加人性化和个性化的方向推进。发展体验经济只有资本或专业技能是不够的，还需要大量具有心理学和管理学素养的人才的加入。因此，本章将从体育旅游人力资源的合理开发与配置、体育旅游人力资源培育以及体育旅游数字化转型中体育旅游人才培养策略等方面进行深入分析。

第一节　体育旅游人力资源的合理开发与配置

体育旅游人力资源是一个复合型的人才群体,他们既具有一定的体育专业知识,还具备专业的旅游相关技能,因此,对体育旅游人力资源的开发应该更具灵活性和创新性。下面主要分析体育旅游人力资源的合理开发与配置。

一、体育旅游人力资源的开发

在现代旅游接待业中,旅行社处于核心地位,而在旅行社接待工作中处于第一线的关键人物则是导游员。如果把旅游接待过程看作是一条熠熠生辉的珍珠项链,那么,向游客提供的住宿、餐饮、交通、游览、购物、娱乐等服务分别是这根项链上的一颗颗珍珠,而导游员的服务则像那根串起这根珍珠项链的线,将这些服务环节连接起来,使之相互配合,协同完成旅游接待任务。对于体育导游员就更是如此,因为体育旅游活动对导游人员要求更高,它不仅需要导游人员具备基本的旅游常识,还需要掌握专业的体育知识。体育导游员是体育旅游活动的组织者,又是体育旅游产品的推介者和各项旅游服务的纽带和桥梁,是整个旅游服务工作运转的轴心。因此,应确立体育导游员在旅游接待服务中的主导地位,特别重视对这类体育旅游人力资源的开发。

体育导游员是体育旅游业中一类特殊的、需要具备较高知识与业务修养的人力资源。新时期体育导游员应具备的素质主要有良好的职业道德、优良的心理素质、扎实的旅游知识、专业的体育技能、合格的身体素质等。导游工作是一项言行并重、苦累交加的工作,要想成为新时期合格的体育导游员,必须具备高尚的道德品质、热情的服务态度、健康的身体状况、坚韧的工作毅力、渊博的文化知识、充实的审美修养、活泼的个性气质、娴熟的表达技巧和较强的观察与应变能力。这些基本素质也是开发与培育体育导游人力资源的主要参考。

鉴于体育导游员有在体育旅游产业发展中的重要地位,下面重点分析对体育导游人力资源的开发策略。

(一)建立严格规范的考试制度

要想建立一支高水平的体育旅游导游队伍,就必须建立严格规范的体育导游资格考试制度。在现有国家导游考试制度的基础上,增加体育专业导游资格加试,普通导游必须通过相应的体育专业技能考试后方能从事体育旅游专业导游工作。

(二)加快体育旅游学科建设,开设专业课

体育院校积极申报和建设体育旅游学科,不应只设置体育旅游专业,还要成立体育旅游系,推荐申报重点学科,并细化专业课程,全面建立课程体系,科学开设体育旅游导游课程。

(三)优化用人机制和人才环境

1.建立开放有序的人才市场

体育导游人才市场同其他人才市场一样,也是按照市场经济规律,在国家政策指导和宏观调控下,自觉运用市场手段来调节体育导游资源。体育导游人才市场的建立和完善应从以下几方面入手。

(1)确定体育导游员的自由职业者身份,按自由职业者身份进行管理。

(2)实行体育导游的管理者与使用者基本分离的制度。

(3)设置导游服务中介机构,对体育导游实行专业化管理。

(4)实行体育导游注册备案制度。

(5)完善导游员的社会劳动保障制度,使体育导游员的权利和根本利益合法化,为体育导游员提供良好的制度环境,免除体育导游员的后顾之忧。

(6)对导游员实行网络化管理,建立体育导游员信息库,实行体

育导游信息资源全社会共享,以利于体育导游人才资源的合理使用和流动。

2. 建立竞争激励机制

公正、客观地评价和选拔人才,对不同等级的体育导游员,旅行社、运动俱乐部或导游公司在带团机会、收入待遇方面加以区别,将竞争激励制度的实施和完善落到实处,切实调动体育导游员的参评积极性。

二、体育旅游人力资源的配置

（一）体育旅游人力资源配置的原则

对人力资源的配置是人才培养的结构性构建,也是决定人才质量和未来行业发展潜力的重要因素。在体育旅游行业中,人力资源的配置要根据我国体育旅游发展情况而具体问题具体分析,努力做到科学合理地为体育旅游业的发展配置最合适的人才。体育旅游人力资源的配置要考虑国家对旅游以及体育旅游发展的战略部署,根据地区、信息、时间等重要因素进行优化与整合。

体育旅游人力资源的配置要遵循以下几条基本原则（图 8-1 ）。

图 8-1 体育旅游人力资源配置原则

1. 适才适位原则

适才适位原则是指,要根据体育旅游业的独特需求,培养合适的人才,即根据岗位需要选拔和"定制"人才。这样既有利于让体育旅游人才发挥出最大的价值,也有助于体育旅游企业的快速发展。

2. 动态原则

动态原则是指,在配置体育旅游人才时,要以发展的眼光开发与培养人才,要把社会发展、旅游行业发展以及知识迭代、技术更新等因素考虑在内,着眼社会长期发展和体育旅游可持续发展的需要,优化配置体育旅游人力资源,并结合体育旅游业发展的动态进程及时调整配置情况。

3. 合理使用原则

在体育旅游人力资源配置中,既要避免"大材小用",又要避免"小材大用",为体育旅游人力资本实现自身价值创造良好的环境和机遇。

4. 效率原则

配置体育旅游人力资源,要注意消除无效劳动和负效劳动,提高人力资源的投入与产出比率,使体育旅游人力资源的价值得以充分实现。

体育旅游人力资源配置是体育旅游资源配置和利用的问题,要根据体育旅游业的发展需要和现实条件而科学配置人力资源,尽可能最大化地实现体育旅游人才的个人价值和体育旅游企业发展的社会效益及经济效益。

(二)体育旅游人力资源配置的优化

1. 更新人力资本观念

随着社会的进步和人们生活水平的不断提高,体育旅游者对旅游业提供的产品和服务越来越挑剔,旅游品位也越来越高。这就对体育旅游从业人员的素质培养提出了严峻的挑战,尤其是高层的管理者。面对体育旅游市场日益激烈的竞争、全球一体化等复杂的形势,通过教育所赋予人力资本的价值形式就越来越受到更多人的关注。在体育旅游人力资源开发与配置中,要改变体育旅游企业传统配置中只重经历的人力资本观念,加强对高素质人力资本的引进,并为人才进行增值路径设计,提升个人价值才能增加企业人力资本存量,这也是合理调整体育旅游企业人力资本层次及结构的根本途径。

2. 坚持业务决定配置

体育旅游人力资源配置效率能充分体现体育旅游企业的经营管理水平,衡量体育旅游企业人力资本的利用效率。体育旅游人力资源的优化配置必须充分服务于体育旅游企业的发展目标,这就要求提升体育旅游人力资源配置效率、体育旅游人力资源开发战略与体育旅游企业整体发展战略的契合度。

体育旅游企业配置人力资源,需要根据企业内外部环境变化,坚持"业务决定配置""效率决定用工"的宗旨。

3. 构建有效的激励制度

建立有效的制度保障是持续提升体育旅游人力资源配置效率的长久之计。

(1)体育旅游应固化配置原则,严格遵循人才配置的要求,加强配置约束作用,提升配置的有效性。

(2)体育旅游企业应打开企业内部流动通道,鼓励人才的自由流动,至少在企业内部实现适才适用的理想局面。并且,还要及时补充人才缺口,推动高素质体育旅游人才向体育旅游行业内核心业务、重要岗位以及价值创造能力强的方向流动。

(3)体育旅游企业应加强激励机制建设。体育旅游企业应努力创造有利于人才潜能发挥、竞争和发展的机制,培养能推动企业发展的有用人才,从而保持企业活力、减少人力资本的流失。为此,体育旅游企业要重视对员工的激励,建立人力资本的绩效考核体系,完善惩奖机制。这就要求体育旅游企业对员工实行目标管理,明确员工对目标任务的完成质量、时间,既要有定性的考评指标,又要有定量的考评标准。对业绩好的员工可以采取公司评优、加薪、奖金、分红的方式,个别表现突出、文化素质较高的员工可晋级职务,对不能完成基本目标任务的员工可适当给以批评教育、降薪、降职、调岗、解聘等惩罚方式。合理采用奖惩机制和激励机制,不仅能够提高体育旅游人力资源的配置与利用效率,还能提升体育旅游人力资源自觉提高自身业务能力的积极性。

第二节　体育旅游人力资源的科学培育与管理

体育旅游人力资源需要随着社会的发展而不断进行优化，从而才能适应和满足发展的需要。特别是引入科学的人才培养机制和管理办法，是系统地提升体育旅游人才素养的最有效的途径。

一、体育旅游人力资源培育模式的构建

在体验经济背景下，我国的体育旅游业发展到了一个必须升级的阶段。行业的发展核心是由人才支撑的，因此，必须构建新的人力资源培养模式，以适应整个行业发展的需求，保证体育旅游业能够获得持续性的增长。在构建人力资源模式的初期，可以借鉴体育产业人力资源培养模式的构建流程，如图 8-2 所示。

分析图 8-2 不难发现，构建体育旅游人力资源培育模式应当从以下几个方面着手。

（一）明确培养目标

构建人力资源培养模式的第一步，是确立可行的体育旅游人力资源的培养目标，从实际出发，从经济学的视角，我国体育旅游业的发展主要缺乏的是具有体育、旅游、人文、经济等综合能力素养的创新人才。只有创新才能带动发展，当前的体育旅游人力资源，主要是从相关行业转移过来的跨行业人才为主，他们带着原来的专业知识和技能，以及一些其他行业的从业经验，在体育旅游业发展的初期，作出了不可忽视的贡献。但是，随着产业的发展，现在以及未来，更需要的是专业型人才和创新型人才，这是体育旅游人力资源培养的根本目标。

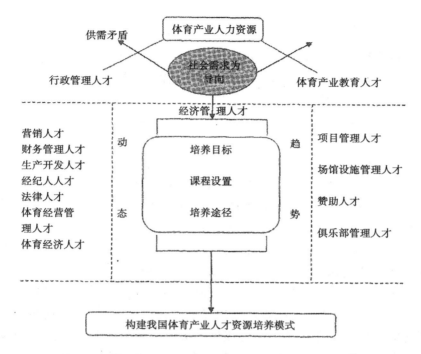

图 8-2　我国体育产业人力资源培养模式的构建流程[①]

（二）科学设置课程

在体育旅游人力资源培育中，设置的课程如下。

1. 通识课

通识课包括体育、旅游、经济、管理、历史等综合学科的通识类知识。

2. 基础课

基础课包括商务礼仪、外语课等。

3. 专业课

专业课主要是指以体育和旅游为核心的专业课。

4.技能培训

技能培训主要是指数字化技能、户外生存技能、风险应对能力、社会人际交往能力、表达能力、谈判能力等方面的技能培训。

（三）丰富培养方式

以往的人才培养方式，主要是集中在课堂上讲授文化知识，在学生临近毕业前夕，组织安排一些实践课程。这一模式的优势是可以促进学生打好基础文化课的基础，劣势是，毕业后学生在进入社会之后，需要克服较大的困难才能真正适应社会和企业的需求。

因此，作为一个非常注重实践能力的体育旅游企业而言，在人力资源培养模式的构建之初，就要搭建好理论知识和社会实践的分配模式。比如，要强调现场教学，鼓励将教学环境转移到真正的应用场景中。加强校企联合，让学生在接触和学习专业知识的同时，就知道这些知识的具体应用是怎样的，以及自己在实践中展示出有哪些优势和不足，以及自己对专业学习的兴趣点在哪里。这些都是培养人才的更有效的方式。

另外，学校还可以根据自身师资力量情况，鼓励教研室多开发一些更加具有时代特点的教学方式，丰富学生的学习内容和学习体验，从而提高他们的学习热情。

总之，通过丰富培养方式，加强对学生综合素质和专业素养的提高，从而尽最大可能满足体育旅游市场对体育旅游人力资源的需求，从根本上加快体育旅游的发展速度。

二、体育旅游人力资源培育的策略

（一）加大开发深度

要想从根本上提高体育旅游人力资源培育的质量和效果，培养出高级的专业人才，唯有加大培养的深度，丰富人才的知识结构，并且保证每一门知识的理解和掌握都足够坚实，并且是通过独立思考和反复实践获得的，只有这样才能从根本上提升体育旅游业的人力资源的质量。

另外,加强科学配置人力资源的种类,综合考量市场、经济、企业的发展趋势,以及未来人口结构的变化,争取最大化地利用人才的价值。即培养适度的人才,通过深度的专业分工,促使市场向着更加专业的方向发展,反过来又可以促进人才的深度发展。

（二）制订培养计划

人才的培养计划应该是随着时代发展和市场需要而灵活调整的。就目前的发展情况来看,我国的体育旅游人才需要从基础型向着专业型转化。在我国体育旅游发展的初期,由于这是一个全新的行业,市场上并没有对口的专业人才可用,因此,那时候大多数的体育旅游从业者是来自其他行业的人才。而随着体育旅游进入新的发展阶段,专业型人才必须跟上,因此,在制订未来人才培养计划时,应该在现有的基础上,培养具有创新能力的体育旅游人才。

另外,除了在校的专业人才培养之外,还应该建立完善的在职培养计划。因为,体育旅游是一个走在时代前端的行业,他们需要大量的创新人才推动着企业的不断发展和扩大。而仅仅靠高校按部就班的培养显然是不够的,因此,企业和社会还应该发展出相应的在职培训机构,从而可以随时对在职人员进行培训,以便与时代的进步保持同步。

（三）完善岗位培训制度

有了明确的培养目标和清晰的培养计划,还需要建立完善的培训制度来保障目标的实现。正如前文所述,体育旅游业是一个以创新推动的行业,这就要求企业自身要保持创新,从而在竞争中前行。而创新是需要人才来实现的,在职在岗的从业者是及时创新的源泉,因此,企业需要建立一个完善的针对在职员工的培训制度,让科学有效的培训制度成为企业保持创新能力的保障。

具体来说,就是敏锐地捕捉科技进步、文化思潮和时尚发展的信息,并据此要求相关行业的专业人士对员工进行在岗培训,保证员工持续学习,不断获得新的输入,才能产生高质量的输出。

（四）校企深度合作

校企合作是随着时代发展应运而生的产物，是将人才培养落地的一次巧妙结合。人才培养的根本目的就是为社会所用，通过校企合作，减少人才适应的时间，从而能够更加顺利地将自身所学用于创造社会价值。从整体来看，这将有效提升社会生产率，是教育进步的体现。

具体来讲，就是鼓励学校和企业间展开深度合作。企业将自身发展中对人才提出的最新的要求反馈给高校，高校则针对这些最鲜活的信息对学生进行培训，从而真正地实现适才适用的教育理念。

另外，通过校企合作，构建出符合实际体育旅游经济需要的课程体系，搭建由企业提出的人才能力培养模块，让高校的教学更具实用性，从而在一定程度上保障了人才培养的质量。

（五）培养多元实践能力

在体验经济时代，对人才的要求越来越高，但是这些要求仅仅靠学校的教学是不可能实现的。让消费者获得与众不同的体验的前提，是项目的策划者和组织者对活动环节具有深刻的体验，而只有亲身感受过才知道体验如何。

因此，今后的体育旅游人才培养，将侧重实践，而且要组织学生进行多元化的实践。只有全面地进入社会场景，自己亲身体会在互动中每个环节带给人的感受，才能回过头来给消费者提供满意的服务，策划非同凡响的旅游产品。

第三节　体育旅游数字化转型中体育旅游人才培养策略

体育旅游也逐渐进入数字经济时代，这对人才的培养与利用产生了巨大的影响。体育旅游人才涉及的范围较广，为了适应社会发展的需要,必须及时调整培养策略,及早进行转型。

一、科学设计人才培养方案

对体育旅游类专业人才的数字化培养,应及时确立科学合理的培养方案和实施计划。

(一)确立人才培养的整体架构

人才培养是一个系统的工程,需要根据行业的发展情况,设置人才素质能力的重要构架,如知识结构和能力模块,然后再有针对性地分别进行培养。

1. 知识结构

体育旅游人才的培养,需要对人才进行多方面知识的教育与培训,包括体育知识、旅游知识、管理知识、文化历史知识、国际关系、外语知识等,这些都是体育旅游人才需要具备的最基础的知识。

2. 能力模块

现代人才的培养标准不再仅仅看学历和证书,更重要的是具有丰富的实践技能。就体育旅游人才而言,在培育之初,要确立以下几个能力模块,从而有目标、有计划地进行培训。

(1)人文素养

人文素养是体育旅游人才的核心能力。它具体是指体育旅游人才将体育、文化、历史、旅游等知识内化为一种综合的素质,能够在复杂的工作中,梳理出清晰的工作重点内容,并且能够应对来自各个年龄段、各种文化背景的消费者的不同诉求,都能给出较为理想的回应和服务。

(2)创新能力

创新能力是现代人才必须具备的能力,无论在哪个行业,只有具备一定的创新能力,才能适应激烈的行业竞争,才能在快速发展的社会时期取得一定的成绩,实现自身的价值。

(3)数字化能力

在数字时代,要求人才必须具备基础的数字化能力,才能与世界进行基本的互动和往来。这里的数字化能力是指，体育旅游人才对当前的数字技术有基本的了解，树立数据意识并掌握一定的基本技能。比如数据分析能力、娴熟运用一些多媒体平台的能力；比如可以根据工作需要，能够撰写、设计和发布微信公众号文章，能够独自完成短视频的拍摄，包括设定拍摄主题和目标、撰写脚本、完成拍摄、剪辑并成功发布到抖音、小红书等短视频平台上，为所负责的体育旅游项目做营销推广活动。

（二）确立针对性的培养手段

现代人才培养需要理论与实践相结合，尤其是体育旅游人力资源的培养，更是如此。而且，要选择合适的培养手段，根据不同专业的人才进行差异化的培养。

比如针对酒店管理与数字化运营专业，除了常规的酒店运营和技能的理论知识之外，还要有大量的实习实践学习，这是提高酒店人才能力素养的最重要的环节。通过在实践中学习，可以训练学生掌握各种酒店智能化操作工具，以及智慧管理系统的操作技能，并提高他们应对复杂情境的应变能力，促进他们的专业化水平的养成。

二、合理安排数字培养目标

在体育旅游业的数字化改造和转型背景下，人才培养系统应该敏锐地捕捉到这一信息，并及时调整人才培养的目标和策略，从而保证及时向社会输送适合的人才。

（一）合理安排专业课程的比例

在体育旅游业逐步向数字化转型的过程中，高校应及时调整学生的专业课程的内容，并合理安排每门课程的课时，切忌过于激进，忽视了体育和旅游这两个主要专业课程，而形成"唯数字化论"的怪象。在设定考核目标时，不能片面强调学生的数字化素养，而轻视对其他能力的提升。

（二）加强学生的数字技能实践

体育旅游业的数字化转型，实际上是将当前先进的数字技术应用到体育旅游业中，从而提高体育旅游业的发展效果，以及与社会其他行业保持同速发展，形成相同的技术环境。因此，高校在培养体育旅游人才时，应更明确这一现实背景，加大对学生数字技能的培养，尤其是加强他们的实际操作能力。

需要强调的是，学校应针对旅游专业的学生就业需要，重点培养他们数据分析能力，并专项培养住宿体验分析师、数据分析师等专业人才。

三、积极开展教材的数字化建设

对人才的数字化培养要从教材抓起。及时对传统教材进行优化和改革，增补当下最热门、最实用的案例教材，是数字化转型中对体育旅游人才培养的重要工作内容。

（一）运用云教材现场教学

对学生的培养，不仅仅是教授的内容要进行数字化的改革和建设，在教学方式和手段上，也要同步。比如，如果教师在讲授数字化有多么的便利和先进，而自己还使用原始的板书教学，这也是十分滑稽的现象。因此，教师应该在教学中，大胆创新，开发和使用云教材，使用多媒体平台进行教学和演示，或者要求学生每人自己注册一个微信公众号和视频媒体的账户，对自己账户的更新和运营，就是最具生活性的教学实践活动。

（二）以校企联合方式教学

在体育旅游人才的数字化培养中，还应该增强高校与企业携手的途径，鼓励高校与企业开展多种形式的合作模式，其目的就是将人才培育与人才需求进行更加合理的对接。比如，通过校企联合的方式，将企业数字化运营的紧迫需要直接传递给高校，这样高校在制订教学计划与教学内容时,就能够更有针对性地、更加务实地改善和优化教学方法与教学内容。

同时,如果能够打开高校与企业的合作通道,将会更加有利于学生开展社会实践活动,将课堂上所学的知识及时地在工作实践中进行检验、运用,从而发现自己对所学知识与技能的掌握情况,并及时完善。而且,大学生多年来都生活在学校里,尽管这样有利于学生专心学习,但同时也存在一定的弊端,即与真实的社会生活有一定的隔阂与陌生感。对于即将从高校毕业走向社会的学生而言,亟须大量的社会实践以帮助学生破除对社会环境和工作场所的陌生感,增强学生的自信心,并且还有助于促进学生建立立体的学习理念和学习方法。

第九章 | 体验经济视角下体育旅游危机管理

　　体育旅游危机管理是体育旅游管理中的一个不可忽视的内容，因此本章将专门论述有关体育旅游危机的相关内容。分别为体育旅游危机概述、体育旅游危机的有效控制、体育旅游项目的风险防控，以及体育旅游安全保障体系构建。这些内容基本上构建出一个针对危机管理的较为全面的体系。但是，危机的偶然性特点决定了，不可能有万无一失的管理措施，无论何时，在工作中加强危机意识才是最好的危机管理方法。

第一节　体育旅游危机概述

体育旅游危机是体育旅游规划工作中最后要重点对待的工作,尽管危机属于极端的冲突状态,在实际工作中并不常见,然而一旦出现,往往会造成严重的伤害。因此,无论是旅游服务企业还是景区、景点以及相关的从业者,都应对体育旅游危机保持足够的风险意识,这样才能最大程度地避免危机的发生,一旦遭遇危机,也能基本做到"心中有数",采取合理的应对措施,将损失尽量控制在最小化。

一、体育旅游危机的含义

体育旅游危机是一个比较新的概念,对此学界还在研究的过程中,还没有形成唯一的定论,但是我们可以通过总结众多学者的见解,综合得出一个比较中肯的认识。

学界对体育旅游危机有许多观点,目前还不能完全统一,每个观点之间都有一些相同之处,同时又各自略有不同的特点。通过对众多学者的专著的研读,可以总结出体育旅游具有以下一些特点。

（1）危机具有突发的特性;

（2）危机一旦发生就会造成旅游活动无法正常进行;

（3）危机会导致组织或个人的损失。

二、体育旅游危机的特点

（一）突发性

体育旅游危机最大的特点就是突发性。也就是说,体育旅游的危机在爆发之前,人们往往都是毫无察觉的,因此会带给人强烈的心理冲击。尽管并不是每一个旅游危机都会造成严重的人身或者财物损害,但是由于它的突发性,总会让人心有余悸,从而影响了人们参与体育旅游的热情和意愿。

（二）不确定性

体育旅游危机的另一特点是充满着不确定性,由于不可预知,因此没有办法准确地进行预防,所以危机的产生总是伴随着较强的不确定性。也就是说,体育旅游危机常常是由不可抗力因素,或者是偶然因素引起的。例如遭遇海啸,或者遭遇球迷的骚乱,而令正常的体育旅游受到影响,无法顺利地进行。

由于这些不确定性,也加大了预防和应对的难度,因此,对体育旅游的危机管理一直都是一项较为棘手的问题,无论企业的财力、实力和经验有多么强大,危机都是无法避免、难以管理的。

（三）破坏性

既然被命名为体育旅游危机,那么意味着它具有一定的破坏性,而且往往是不可逆转的。从过往的经验来看,体育旅游危机往往都具有较大的破坏性。比如给游客带来的经济损失,甚至是伤亡,这些都是令人痛心的,同时也会令体育旅游企业蒙受多方面的损失。比如品牌名誉受损,还要承担巨额的经济赔偿,并令之后的市场受到严重打击等,因此,体育旅游的危机往往具有较大的破坏性。

（四）紧迫性

体育旅游危机的紧迫性实际上与它的突发性、不确定性和破坏性是一脉相承的。由于危机发生得特别突然,又具有强烈的破坏性,因此,往往在时间上又表现得比较紧急,如在处理时信息有限、时间紧迫、资源短缺等。

一般来说,体育旅游危机一旦爆发,总会令决策者和执行者非常被动,来不及考虑太多,必须以救助为第一要务,但是又因为各种资源十分有限,常常表现得顾此失彼,相当窘迫。因为体育旅游危机一旦爆发,其威力往往是压倒性的,决策者必须保持足够的清醒和理智,努力在现有资源条件下,让损失降到最低。但是在危机发生时,并没有充足的人力和资金准备,这也形成了体育旅游危机管理的一大难点。

三、体育旅游危机的分类

在做危机管理预案的时候,首先要对体育旅游危机进行分类,从而在危机爆发的第一时间能够对危机进行识别,这对危机管理是一个非常重要的前提。一般情况下,会把体育旅游危机分为外部危机和内部危机两类,下面将分别就这两类中的主要危机进行研究。

(一)外部危机

外部危机是指完全在旅游相关人员或组织可控制范围之外的各种因素所导致的危机,具体可分为以下几种。

1. 自然灾害

自然灾害是指来自自然界的、具有不可抗性的、破坏较大的一种外部危机,如海啸、台风、龙卷风、地震、山火、瘟疫、泥石流等。这些危机的共同特点是几乎不可预测,且杀伤力极大,完全超出人力所能掌控的范围。一旦发生,不仅仅是体育旅游活动,其他任何人类正常的社会生活都会受到影响。因此,对自然灾害类危机的管理,主要是尽可能规避,但是很难完全规避,只能尽量减少危机带来的损失。

2. 社会类危机

社会类危机是指因某种社会因素导致的、影响范围较广的一类危机,如政治动乱、经济危机、战争、贸易冲突等,也会给体育旅游带来一定的风险。这一类突发的社会冲突,在正式发生之前都经过了一段时间的酝酿,当矛盾激发到一定程度之后才会爆发,尽管如此,对于普通的旅游企业而言,仍然是难以预测的,但是一旦发生,就会令原本计划好的活动中断、停止甚至遭受人身或经济上的损害。

3. 意外事故导致的危机

还有一类外部危机是由意外事故造成的。因为体育旅游会涉及许多方面，而在这些方面发生的意外事故往往是企业组织者或者游客个人所无法左右的。比如在出行中，遇到意外交通事故，往往造成不可逆转的生命危害。对企业和个人来讲都是毁灭性的，其损害是无法估量的。

（二）内部危机

内部危机主要是指由于旅游组织的经营管理不当，或者不可预知的恶意破坏所造成的危机，它的特点是具有明显的主观因素和人为因素。

1. 经营不当造成的危机

这一类危机主要是指，由于旅游企业在日常的经营管理中，存在着较严重的问题。比如资金链断裂导致项目中途无法继续进行，或者产品开发过度且超出其可以承接的能力，或者体育旅游产品的服务存在严重的质量问题等造成的危机。

2. 内部个别人员造成的危机

还有一类危机是由于个人造成的。具体的又可以分为主观恶意和非主观恶意两种情况。

非主观恶意是指由于个人的严重工作失误，造成在项目执行过程中出现大的纰漏，导致参团人员的经济和人身伤害。

主观恶意极其少见，但是也曾有过类似的事件发生，即组织内部的某些个人，为了个人私利而恶意破坏旅游企业或者项目的正常进行，并造成惨重的经济损失或者名誉损失。

四、体育旅游危机的过程

体育旅游危机发生时，因其表现形式的不同大体上可分为两个阶段，即体育旅游危机的预防阶段、体育旅游危机的爆发阶段。

（一）体育旅游危机的预防阶段

体育旅游危机往往都是不可预测的突发状况，因此预防起来非常困难。也就是说，在危机酝酿的早期，人们不容易察觉它的发生和发展，因此会任由危机蔓延。但是，除了自然灾害之外，大多数的人为危机具有某些危害的共性，因此可以在早期采取一定的措施，可以一定程度上减少甚至避免某一类危机的发生。比如对重要环节采取多人监管制度，避免将重任只交付给一人承担。

（二）体育旅游危机的爆发阶段

体育旅游危机的爆发阶段也就是危机造成明显人身或者经济损失的阶段，在这一阶段，往往已经无法逆转，危害已经产生。由于大多数的体育旅游危机都是突发的、不可预知的，尽管有些危机在发端之初会有一些不易察觉的迹象出现，但是对于多数人而言，这些迹象都是过于隐秘，大概率是不能被察觉的。因此，到了危机的爆发阶段，它在极短的时间内给组织和个人带来压倒性的损害，其严重程度是任何人力都不可抵抗的。

第二节　体育旅游危机的有效控制

对体育旅游危机的控制，是现代旅游管理以及体育旅游管理的重要组成部分。借助大数据以及科学严谨的管理措施，可以有效地避免人为体育旅游危机的发生，或者减少相应的损失。

一、体育旅游危机管理策略

体育旅游组织面对潜在的体育旅游危机风险，一般可以采取风险回避、风险转移和接受风险三种策略。

（一）风险回避

风险回避是危机控制的首要策略。它具体指的是体育旅游企业或者组织采取一定的措施，目的是避开具有隐患的环境，或者避开有可能引起危机的因素，从而将危机发生的概率降至最低。

体育旅游危机风险回避采取的是一种"简单粗暴"的危机管理策略，由于其回避机制的彻底性，可以有效地将一类危机避免。但是同时它也具有一定的局限性，即这种方式有时候成本较大，会明显地降低经济收益。

（二）风险转移

将风险转移也是一种常用的风险管理方式。在体育旅游业中，危机风险转移是指旅游企业通过外包等形式，将一部分或者全部的风险隐患都转移给其他企业或者组织。

还有一种风险转移方式是购买保险，从而获得一定的经济上的保障，降低企业发展的风险。

（三）接受风险

危机管理的前提，是接受危机的存在风险，要明确的是，试图彻底避免危机是不可能的。而且在可见的未来，体育旅游危机还一定会存在很长时间。那么作为体育旅游企业或组织者，要做的就是接受危机风险存在这一事实，并合理管理自己的经营行为，从而采取积极的应对策略。

接受危机风险并不意味着听之任之，被动地等待危机的爆发，而是主动采取一切可行的措施，包括有效的行政手段、财务手段和管理手段，将未来的危机发生的概率降到最低。与此同时，在每一次项目运行中,都要密切关注相关领域的发展,尽最大可能规避未知的危机和风险。

二、体育旅游危机预控管理

在接受了危机风险存在这一事实之后,就要采取一些有力的危机预防和控制手段,并且在日常的经营管理中,加强防范意识,增加企业的抗风险能力,并且做好应对危机发生的准备。如果危机突然爆发了,企业也有相对的预案,能够以最快的速度恢复功能并采取积极的处理措施。具体来讲,这些措施包括制订危机计划、演习和培训、强化沟通以及建立危机预警系统等。

(一)制订危机计划

危机计划专门指体育旅游组织或企业中,在面对危机时,让组织发挥最大效率的一种行动指导方针。通过科学的预案,可以在应对危机时减少危机处理的决策时间,从而为人员和财产的营救赢得宝贵的时间。

1. 体育旅游危机计划的特点

(1)重要性

体育旅游危机计划并不是常规的工作计划,主要是一种预案,但是又具有不容忽视的地位,与企业或者组织的其他发展计划同等重要。因为,有些危机一旦发生将是毁灭性的,一份有力的危机计划有可能发挥力挽狂澜的作用,也许能救企业于生死存亡之间。因此,对于任何一家体育旅游企业或者组织而言,一份科学有效的危机计划是不可或缺的。

(2)一般性

由于体育旅游危机的不确定性和突发性,因此一份危机处理计划不可能十分精准地预料危机发生的情况,以及造成的危害有哪些。因此,危机计划主要是从减少人员伤亡和经济损失出发,制定的具有一般性的处理方案。它的主要目的是对危机处理者提供有效的行动指导,而不至于面对危机时变得慌乱而手足无措,从而错过了营救的最宝贵的时间和机会。因此,危机计划重在为危机管理提供指导性的行动原则,并且具有一定的弹性。

（3）动态性

体育旅游一直处于快速发展中，每个体育旅游产品都在不断地更新和优化，与之相应的，它们所涉及的内容和环节也是动态的、发生变化的。因此，危机计划也应该具有一定的动态性，要随着旅游组织内外环境的改变，旅游项目的调整而及时做出优化和改变。

2. 体育旅游危机计划的内容

一份正式的体育旅游危机计划书一般包括以下内容：

（1）封面；

（2）授权书；

（3）证明书；

（4）政策部分；

（5）计划管理部分；

（6）信息管理部分；

（7）预警部分；

（8）危机指挥和协调部分；

（9）资源管理部分；

（10）恢复管理部分；

（11）附录部分。

（二）演习和培训

书面的计划只是第一步，还要定期在企业或者组织内部进行全面的体育旅游危机演习和培训，至少每年要进行一次。每次要成立专项小组，针对危机计划制订和设计一些相关的危机情境，然后拿出一天或者半天的时间进行危机处理的模拟，通过日常的培训和演习，能够提高全体员工对危机的认识和接受程度，并且锻炼在面对危机时，能够临危不惧，冷静沉着，用演习中学到的知识和技能及时处理危机。

1. 演习和培训的意义

（1）加强组织和企业对危机的认识，并且将这种认识从理性层面提升至感性层面，从而提高组织应对危机的能力。

（2）通过定期的演习，能够不断加强人员的危机意识，从而在各自的工作中对危机具有较强的敏感度,有助于在危机早期能够察觉一些细微的征兆,进而提升了组织的预防和管理危机的能力。

2. 演习和培训的步骤

(1)根据危机处理计划,设计模拟场景,明确演习任务和目的。

(2)选择多种培训和演习的方式,如角色扮演法、行动模拟法和案例法等。

(3)进行演习和培训。

(4)对演习和培训结果进行评估。

三、体育旅游危机事件管理

体育旅游危机事件管理是指在体育旅游危机发生时,组织或个人为尽量减少危机损失,尽快控制危机并从危机中恢复而进行的管理行为,主要包括体育旅游危机的反应管理、媒体管理、形象管理以及恢复管理等内容。

(一)反应管理

体育旅游危机的反应管理是为了使组织在危机中的各种反应行为更加合理和有效而进行的管理。根据危机发生的过程,对其的反应管理也可以分为危机预防阶段的反应和危机爆发后的反应。前者的主要任务是降低危机爆发的可能性,而后者的主要任务是尽可能减少危机造成的损失。

1. 反应管理的意义

(1)降低危机爆发的可能性。在危机预防阶段对危机征兆的及时反应和相应的措施能有效防止危机的爆发。

(2)阻止或延续危机的蔓延并减少操作失误。反应管理提高了危机控制行为的合理性并节约了时间,使体育旅游危机能尽快被隔离,从而降低了其危害程度。

(3)节约了时间和资源。反应管理使对危机的控制行为分主次、有步骤地展开,促进了资源的合理配置,避免了资源的浪费,因而大大提高了组织对时间和资源的利用效率。

2.反应管理的内容

（1）及时启动危机计划中对危机进行控制的有关内容。体育旅游危机对组织而言是一个特殊而紧张的情境，因此反应管理的首要内容就是迅速核实危机的爆发并启动如专用信息通道、专门的组织机构等，以供非常时期使用。

（2）获取相关信息。充分的信息是作出合理危机反应决策的必要条件，因此通过危机中的受害者以及专门训练的反应人员在危机现场收集第一手的资料，并进行及时整理传递给决策者成为反应管理的重要内容之一。

（3）获取并合理配置资源。反应管理应确保用于预防危机而储备的资源能够被快速启用，同时还要随着事态发展的需要尽量拓宽资源的供给渠道。另外，在资源的配置中应根据其使用的综合效果来考虑，使资源产生最大的危机反应效果。

（4）做好对人的管理。体育旅游危机爆发期间的人具有双重角色，他们既是处理、控制危机的主体，也是危机的影响对象，体育旅游危机往往会对处于其中人的生理、心理均产生不同程度的危害，因而对反应管理而言，使危机中的人得到较好的治疗和处理是极有必要的。

（二）媒体管理

当今的媒体包括电视、广播、报刊、网络等，是一个庞大而复杂的体系。在体育旅游危机中，要重视对媒体的管理有多方面的原因。

1.媒体可能是导致或促进危机的因素

一方面，媒体在信息的传播上具有垄断优势，可以使信息在短时间内为广大公众所知晓，而公众对信息的真实性缺乏检验的手段，因而从这种意义上讲，媒体对公众的心理偏好有一定的引导作用。另一方面，媒体对信息还起着放大的作用，使原本可能只局限于组织内部的消息为公众所知。这些都可能使组织的管理者对事态发展失去控制而引发危机。

2. 媒体可以成为良好的信息渠道

一方面,媒体因其具有范围广、速度快的传播特点而可能为旅游组织所利用,成为良好的信息传递工具,而且有关危机信息的传递通常是免费的,可以节约很高的成本。另一方面,媒体还可为组织提供大量的信息输入,如某地区发生传播性疾病时,旅游组织便可在媒体的相关报道中获取必要的信息以采取行动避免危机爆发。

3. 媒体可为组织寻求社会支持

通过媒体的宣传,旅游组织的危机能够引起广泛的社会关注,一些公众可以为组织解决危机提供新的思路,甚至有一些公众可能对危机中的受害者直接予以帮助,从而使组织自身的压力得以缓解。

(三)形象管理

旅游组织的形象是内部员工以及外部公众对其的综合印象。组织形象的好坏直接关系到其在市场中的被认可程度。体育旅游危机发生后,组织的管理者往往容易将精力集中于对危机事件的处理而忽略了危机内部、外部公众的看法和反应,同时还可能受到竞争者恶意攻击的威胁。这极易导致组织形象的受损而引发更大的市场危机,而且形象一旦遭到破坏,要花费很长的时间才能使之得以恢复。

1. 保持危机前后的态度一致

在体育旅游危机中,保持原有的态度和行为更容易塑造组织积极进取的形象,而态度的改善和恶化都易引起不良后果。危机中组织态度的恶劣会使公众对组织产生"不负责任"的印象,而态度的刻意改善又会使公众对这种改善的目的产生怀疑,并认为这只是一个短期行为,这都会成为危机管理的阻碍。

2. 真实反映组织态度和行为

公众对危机中组织态度和行为的不明了会使其产生不良的猜忌,从而导致组织形象的损害,因此组织应向公众及时、真实地反映其积极解决危机的态度及其为之付出的努力,从而赢得公众的认可和支持,使组织形象得到维护。

3. 积极关注危机的受害者

危机中的受害者可能不止旅游组织本身,还会包括一些社会公众及利益相关者。组织应给予其积极的、充分的关注,退缩和回避的态度极易在公众心目中产生"对社会漠不关心""没有人情味""缺乏责任感"等不良形象。不仅无法得到社会支持,还会遭到公众的抵制,使危机情境加重。

(四)恢复管理

当危机得到基本控制的时候,即危机不再蔓延或扩大危害的时候,就是开始危机恢复工作的时候。此时的工作重点分为以下几个方面。

1. 维持组织的生存

危机发生后,第一时间应当对受害人的生命和财物进行抢救。当进入恢复管理阶段,就是对企业的财务、声誉、品牌的危机管理和抢救。一般当体育旅游危机发生之后,最先进入人们认知的就是某某品牌或者某某公司的旅游项目遭遇灾难性的风险。此事令企业或者组织的品牌和声誉遭到严重破坏,一般都会使组织的经营连续性受损。因此,此时最重要的工作是维持组织生存,如维护重要的客户、留住核心员工、将资金和成本降到最低等。

2. 使组织获得新发展

体育旅游危机有时候可以辩证地看待,在有经验的危机管理专家眼里,有些危机还会变为千载难逢的机会,可能给企业带来发展机会。因此,现代危机管理常常将重点放在变危机为转机,从而获得新的增长机会。

第三节　体育旅游项目的风险防控

一、体育旅游项目风险防范

（一）财务风险防范

在体育旅游项目正式实施前,需要研究项目是否可行,项目是否可行是项目的起点,是需要打好基础的一步,起到了地基的作用,这一环节的工作直接影响投资人是否会对项目进行投资。通过对项目的可行性分析,需要对目标市场进行全方位的考察,这方面的分析主要包括项目目的地的市场大环境、价格因素等的分析。随后以分析为出发点,制作不同的投资方案供投资人和项目开发人进行选择,最终确立较为满意的项目开发路径进行投资,减少项目风险。

（二）施工风险防范

体育旅游项目施工建设中,要判断项目是否能在工期内顺利完成,就要提前考虑体育旅游项目工期延长所带来的一系列损失,这些损失既可能是经济上的,也可能是社会舆论层面带来的巨大压力,应制定积极主动的工期风险预防对策,主动减少、规避风险。

第一,要主动选择具有较高认同度的监理公司对体育旅游项目建设过程进行监理,保障其进度和质量。

第二,在工期的选择方面要综合多方面情况,考虑多种施工计划,选择较为合理的工期并做出工程计划,并按照进度计划严格执行,保障投资、开发各自的利益。

第三,在施工过程中,需要管理者通过积极有效的管理办法促使施工快速、准确完成,争取在保障施工质量的前提下,尽快完成项目的施工建设。

（三）市场风险防范

市场决定了体育旅游项目最后是否会成功,体育旅游项目若想成功,就必须要得到市场的认可。体育旅游项目若想长期发展,就必须维持一个比较好的收入和支出平衡。降低体育旅游项目市场风险的举措有两类。

第一是要做好先期交通规划。规划好连接体育旅游项目到城市交通主干道的交通道路以及相应设施的建设,提升市场的接受度和认可度。

第二是完善有关信息平台的建设。在互联网大背景下,需要建设连接旅游者、企业以及管理机构的信息交流平台。体育旅游企业可在地方旅游局网站上发布项目的联系和咨询电话,建立健全监督反馈体系,监控项目的进程,听取多方面意见。旅游局或者项目开展方均可以在网上进行项目服务质量的检查或者自查,在项目周期内发布监督公告,并进行排名,严打违法和质量低下的项目,表扬和奖励优秀项目,在行业内逐渐形成各方参评旅游项目的良好氛围。

（四）管理风险防范

如何选取有效的管控手段,对项目进行科学的决策,对体育旅游项目运转体系有着至关重要的影响,是降低体育旅游项目风险的关键。体育旅游项目管理风险防范要具体从以下几方面落实。

首先,当前对项目建设管理比较侧重技术层面,而在施工过程中却对此不够重视。对此,项目管理者需要加强对施工进程中的管理,不断监督施工情况,在最后的验收过程中严格按照施工计划验收,降低风险。

其次,要加强管理人才队伍的建设,对管理者进行培训,使其对风险有更加深入的认知。不断提高领导者自身道德素质,提升其管理水平,规避风险。

最后,建立健全项目的管理决策机制。管理决策制度的制定要充分体现科学性,并且尽量避免人员的随动性。管理中要确定合理的管理目标,预测当前项目可能遇到的最坏程度的风险并以此制定风险规避措施,然后管理者在项目推进过程中以计划为中心,不断完善组织系统的构架,融汇各种资源,将其效用尽量扩大,最终在控制过程中准确进行信息的反馈,面对不同的风险情况使用不同的风险处理方式。

二、体育旅游项目风险监控

风险管理不仅要做到事前防范,更要做到事后完善修复,因此在体育旅游项目风险防控进程中,要持续监控 RPN(风险系数)较高的风险。具体方法为在实施相关风险应对措施之后,各项目负责人持续检验并不断评估风险,确保已经应对了的风险不会重复发生或不会发生衍生风险。风险监控步骤如图 9-1 所示。

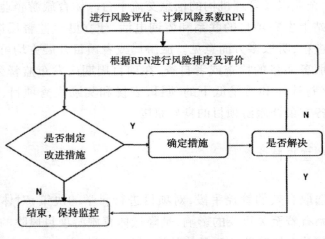

图 9-1 风险监控图 [①]

---

① 衣文涛. 基于 FMEA 的烟台市体育旅游项目风险管理研究 [D]. 山东大学,
2018.

第四节　体育旅游安全保障体系构建

体育旅游安全保障体系是不同的企业根据自身的经营特点以及主要的业务范围,制定切实的保障体系,是促进企业持续性运营的一项重要保障措施。构建体育旅游安全保障体系,在体系构成上包括五个方面。

一、安全预警体系

体育旅游的安全保障,首先要从预警体系开始建设。做好安全预警,为预防危机发生设置了第一道防线,能够使体育旅游安全事故发生的概率明显降低。构建安全预警体系需注意以下几点。

（1）加强所有组织成员的安全意识,是进行安全保障的第一步。

（2）认真做好全面的预防工作,防患于未然,是安全保障的重要环节。

（3）定期进行从业者的风险防控技能培训,加强模拟演习。

二、政策法规体系

体育旅游政策法规对体育旅游保障体系中的预警、控制、施救行为等具有指导与规范作用,同时也有为体育旅游安全管理提供法律依据的作用。它能够从政策法律的权威性和强制性的角度对体育旅游从业人员的行为进行规范和控制,促进体育旅游从业人员安全意识和防控意识的提高。

我国现有的体育旅游法律法规还不够完善,体育旅游活动类型多样,而现在只有关于漂流活动的法律,如《漂流旅游安全管理暂行办法》,其他项目的管理办法基本是空白状态。所以,为了保障体育旅游的健康发展,政府部门需制定更多项目的法律法规。在这方面我国应对国外相关体育旅游安全保障法律体系予以参考。

此外,需要注意的是,发展体育旅游不只与旅游方面的法律法规有直接的关系,还与体育方面的法律法规有关,这就需要旅游部门与体育部门相互协调,相互配合。

三、安全救援体系

体育旅游安全救援是一项社会性工作,情况复杂,涉及面广,且具有多样性,对救援队伍的要求较高,因此我国应加强政府指导,培养多层次的救援队伍,这方面可借鉴发达国家在体育旅游安全事故紧急救援方面的成功经验。

体育旅游安全救援体系的建设可从以下几个方面着手。

1. 建立体育旅游安全救援指挥中心

体育旅游安全救援指挥中心隶属于该地应急救援指挥中心(图9-2),应由旅游和体育行政管理部门牵头,将公安部门、武警部队、消防部门等相关机构联合起来,促进现有职能组成的拓展。

体育旅游安全救援指挥中心的职责主要体现在开展、统筹、协调整个体育旅游安全救援工作。一旦有应急问题发生,安全救援网络立即启动,各部门协调配合,将事态发展控制好。

2. 扶持民间救援组织

目前,统一的体育旅游安全事故救援系统在我国还没有建立,多由公安、消防、医院等部门履行救援任务,救援过程中多人联动参与,参与搜索和救援的有数十人甚至上百人。但这些部门人员的户外运动经验同样不足,不熟悉地形,因此搜索花费的时间长,甚至有生命危险,因此需借助民间救援组织的力量来完成救援。

现在,北京蓝天救援队、河南户外救援联盟、新疆山友户外运动救援队、辽宁"我行我宿"户外俱乐部救援队等民间救援组织在体育旅游业内有一定的影响。面对突发事件,这些民间救援组织有自身的优势,具体体现在以下几方面。

(1)不依靠政府来维持正常的运营。

(2)队员分散各地,在需要时迅速集结。

（3）户外运动经验丰富，有较专业的救援技能等。

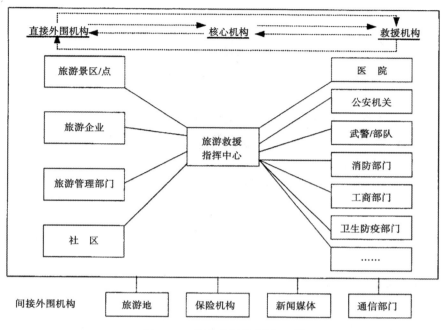

图9-2 旅游救援指挥中心[①]

3.培养专业救援队员和志愿者

这里所说的救援队员和志愿者也包括体育旅游目的地居民。在他们的日常生活、工作中，和到当地参加体育旅游活动的旅游者相遇、接触的机会较多。在旅游者遇到危险时，当地居民熟悉环境，能够及时有效地帮助处于突发事故中的体育旅游者。

4.做好应急救援工作

体育旅游安全的应急救援工作涉及很多部门与社会力量，开展这方面的工作，具体参考图9-3。

① 周洪松.体育旅游市场开发及其可持续发展研究[M].长春：吉林大学出版社，2020.

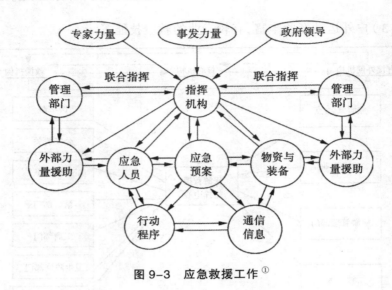

图 9-3　应急救援工作 [①]

四、安全保险体系

安全保险体系的构建主要是从财产安全方面对消费者进行保护,随着我国体育旅游人数的急剧增长,以及国家保险事业的不断健全,需要针对体育旅游活动设立专门的保险项目。旅游业发展较早的国家已经成功摸索出一套行之有效的方案,我们可以多多借鉴,再有机地结合本国国情构建符合我国消费者需要的险种和服务,将是保障体育旅游安全进行的有效措施。通过购买保险转移风险,无论对体育旅游企业还是消费者而言,从长远来看都是产业发展进步和成熟的体现。

五、教育体系

通过体育旅游教育,可以使体育旅游者树立预防意识,掌握避险、自救的基本知识和技能。

体育旅游教育有专业教育和大众教育两种类型。构建体育旅游教育体系可从这两个方面展开。在体育旅游专业教育中,可通过高等院校和户外运动俱乐部开设固定课程和定期培训,开展体育旅游专业知识系

---

① 周洪松.体育旅游市场开发及其可持续发展研究[M].长春：吉林大学出版社,2020.

列培训,促进体育旅游者理论和实践水平的提高。面向体育旅游活动的自发组织者展开安全教育,利用媒体资源对体育旅游活动及时跟踪报道,介绍体育旅游安全常规知识,追踪报道发生的体育旅游安全事故问题,增强其安全风险意识。

大众教育应从青少年教育抓起,联系学校定期为青少年开展公益性安全知识讲座和培训,促进其野外生存能力的提高,使其形成正确的安全观念,掌握较好的技能技术,避免在体育旅游中发生安全事故。

当体育旅游者真正树立了正确的安全理念,在出行前就会做好充分准备,在出现事故时也会采用积极有效的方法来应对。

要想全面构建体育旅游安全保障体系,需要全社会的共同努力,但是这是一种理想化的设想,立足当前,最紧迫的任务是对体育旅游活动的最主要的参与者进行安全意识教育和安全体系建立。

但是除此之外,还有必要对其他相关群体构建安全体系或者明确安全职能。比如旅游目的地的酒店,交通部门,以及旅游目的地的居民等。这些都是构成体育旅游安全防护墙的重要元素。

当然,这一工作是一个复杂的、长久的工程,但是作为体育旅游的组织者应该主动承担起可以承担的责任和义务,先从力所能及的方面做起,力图在每一个项目的执行过程中,都对我国的体育旅游安全保障体系建设做出一定的积极尝试和推进,从而让体育旅游业的发展环境更加健康,让所有的从业者和参与者都有意识地将安全保障放在自己工作的重要位置上,并形成持久的、良性的循环。

参考文献

[1] 万祖兵 . 基于体验经济的文化创意产品设计与应用研究 [M]. 长春：吉林人民出版社,2021.

[2] 汪秀英 . 基于体验经济的消费者行为模式研究 [M]. 北京：首都经济贸易大学出版社,2012.

[3] 孙映雪 . 体验经济 [M]. 北京：中国大百科全书出版社,2019.

[4] 王文萌 . 体验经济时代的设计价值 [M]. 北京：化学工业出版社,2022.

[5] 张春彬 . 体验经济背景下文化创意产品设计的研究与实践 [M]. 沈阳：辽宁大学出版社,2019.

[6][美]B. 约瑟夫·派恩二世,[美] 詹姆斯 H. 吉尔摩 . 体验经济 [M]. 夏业良,鲁炜,译 . 北京：机械工业出版社,2008.

[7] 徐福英,刘涛,王宁等 . 数字化改造背景下旅游类专业人才培养体系构建研究——以酒店管理与数字化运营专业为例 [J]. 内蒙古科技与经济,2022,500（10）：21–23.

[8] 张培茵,渠向国 . 复合型旅游人才培养体系的构建与实践探索 [J]. 教育探索,2008（7）：48–49.

[9] 张明 . 实践教学与高职高专旅游人才培养体系的构建 [J]. 山东省青年管理干部学院学报,2008（5）：130–132.

[10] 郭跃 . 以岗位技能为核心的高职旅游专业人才培养体系探讨 [J]. 职业技术教商 .2009,30.（17）：32–33+78.

[11] 颜敏 . 实践型旅游管理人才培养体系构建设想 [J]. 教育与职业,2011（18）：101–102.

[12] 秦志学 . 高校旅游管理专业人才培养体系的改革研究 [J]. 赤峰学院学报(自然科学版),2014,30（8）：148–150.

[13] 刘丹.高校旅游管理专业人才培养体系的改革研究 [J].老字号品牌营销,2020（10）:125-126.

[14] 亚吉,尹立军.基于 OBE 导向的应用型旅游人才培养体系建设研究 [J].呼伦贝尔学院学报,2020,28（4）:93-98.

[15] 白瑞芸,刘志永,赵风云.旅游类专业应用型人才培养体系优化路径研究——基于产教融合背景 [J].中国商论,2021（7）:179-182.

[16] 刘涛.旅游管理类本科专业顶岗实习运行优化研究——基于特殊性和利益相关者分析视角 [J].河南牧业经济学院学报,2019,32（5）:73-80.

[17] 徐福英,刘涛,王宁等.数字化改造背景下旅游类专业人才培养体系构建研究——以酒店管理与数字化运营专业为例 [J].内蒙古科技与经济,2022,500（10）:21-23.

[18] 韩鲁安,杨青青.体育旅游学初探[J].天津体育学院学报.1998,13（4）:61-65.

[19] 张明科.关于我国体育旅游保险问题的思考 [J].体育与科学,2006,27（6）:46-48.

[20] 汤丹凤.基于全域旅游规划的体育旅游发展研究 [J].旅游纵览,2022,362（05）:131-133.

[21] 王颖,江晓敏.全域旅游规划下体育旅游的发展研究 [J].哈尔滨体育学院学报,2018,36（01）:52-56.

[22] 王德刚.旅游规划与开发 [M].北京:中国旅游出版社,2017.

[23] 王广贵,关怀志,霍尔东.体育旅游管理 [M].哈尔滨:哈尔滨地图出版社,2005.

[24] 边四光.体验经济:全新的财富理念 [M].上海:学林出版社,2003.

[25] 闫立亮,李琳琳.环渤海体育旅游带的构建与大型体育赛事互动的研究 [M].济南:山东人民出版社,2010.

[26] 陈艳妮.体验经济时代下抚仙湖体育旅游目的地的开发研究 [D].成都体育学院,2017.

[27] 曹军政.基于体验经济视角下鄱阳湖生态经济区体育旅游开发研究 [D].温州大学,2017.

[28] 王传平.体验经济视角下芜湖地区体育旅游开发与营销研究 [D].安徽工程大学,2011.

[29] 刘宁. 低碳经济视角下体育旅游产业发展研究——以山东半岛蓝色经济区为例 [D]. 中国海洋大学, 2014.

[30] 晓超. 体验经济时代已悄然来临 [J]. 科技与企业, 2010, 185（12）: 58-61.

[31] 冷志明. 论体验经济时代的旅游体验 [J]. 边疆经济与文化, 2005（10）: 16-18.

[32] 邓峰. 体验经济时代的旅游体验 [J]. 经济研究导刊, 2009, （26）: 62-63.

[33] 何建民. 发展我国体验经济的策略 [J]. 上海商业, 2002（10）: 6-9.

[34] 郑国诜. 我国体验经济发展存在的差距及策略探讨 [J]. 石家庄经济学院学报, 2010, 33（06）: 29-33.

[35] 王传平, 胡好. 体验经济视角下安徽体育旅游开发必要性分析 [J]. 蚌埠学院学报, 2014, 3（06）: 138-141.

[36] 钟兆祥, 郑柏武. 体验经济下我国体育休闲旅游资源的开发 [J]. 西昌学院学报（自然科学版）, 2011, 25（02）: 139-143.

[37] 丁黎明, 柯黎. 基于体验的体育旅游项目创意设计 [J]. 内江科技, 2015, 36（07）: 91-92+65.

[38] 杨强. 体育旅游产业融合发展的动力与路径机制 [J]. 体育学刊, 2016, 23（04）: 55-62.

[39] 汪薇萍. 体育旅游产品开发初探 [D]. 云南大学, 2012.

[40] 马骏. 体验经济时代的消费需求与营销研究 [D]. 南京理工大学, 2005.

[41] 郭明春. 体验营销: 体验经济时代的营销模式 [J]. 生产力研究, 2006（3）: 241.

[42] 李艳娥. 顾客体验理论的发展动态及展望 [J]. 商业时代, 2009（14）: 29.

[43] 皮平凡, 张伟强. 基于体验经济的旅游消费与营销战略初探 [J]. 经济师, 2005（8）: 126-128.

[44] 钱应华. 基于体验视角的体育旅游产品设计与开发 [J]. 体育科学研究, 2008（4）: 11-13.

[45] 史常凯. 体验经济时代体育旅游产品开发创新初探 [J]. 湖北教育学院学报, 2006（8）: 73-74.

[46] 李朝晖.基于体验经济的体育产品创新开发 [J]. 四川师范大学学报（社会科学版），2007（5）：33-36.

[47] 周道平，张小林，刘少英等.西部民族地区体育休闲旅游产业开发的环境条件分析 [J]. 天津体育学院学报，2005（3）：24-27.

[48] 钟天朗.体育服务业导论 [M]. 上海：复旦大学出版社，2008.

[49] 刘勇.体育市场营销 [M]. 北京：高等教育出版社，2007.

[50] 卞利亚.滨海地区体育休闲旅游的开发策略研究沿海企业与科技 [J].2007（8）：118-120.

[51] 陈永飞.体育旅游资源及其开发：营销视角下的分析 [J]. 经济问题探索，2007（1）：126-130.

[52] 赵金岭.我国高端体育旅游的理论与实证研究 [D]. 福建师范大学，2013.

[53] 张玉兰.大型体育赛事对秦岭南麓旅游城市的影响分析及策略研究 [J]. 渭南师范学院学报，2015（10）：59-64.

[54] 周海澜，罗露，郑丽.体育赛事推动体育旅游协同发展研究——以贵州遵义娄山关·海龙囤国际山地户外运动挑战赛为例 [J]. 体育科技文献通报，2016，24（05）：35-37.

[55] 蔡宝家.区域休闲体育产业发展研究 [M]. 厦门：厦门大学出版社，2017.

[56] 张红玉.旅游产品开发新视角——塑造真实性体验 [D]. 北京第二外国语学院，2008.

[57] 李畅.历史文化资源的体验式环境营造研究 [D]. 中南大学，2013.

[58] 谢彦君，彭丹.旅游、旅游体验和符号——对相关研究的一个评述 [J]. 旅游科学，2005，16（6）：1-6.

[59] 龙江智.旅游体验的层级模式：基于意识谱理论的分析 [J]. 北京第二外国语学院学报.2009，（11）：9-19.

[60] 邹统钎.旅游体验的本质、类型与塑造原则 [J]. 旅游科学，2003（4）：7-10.

[61] 魏小安，魏诗华.旅游情景规划与体验项目设计 [J]. 旅游学刊，2004（4）：38-44.

[62] 吴文智，庄志民.体验经济时代下旅游产品的设计与创新——以古村落旅游产品体验化开发为例 [J]. 旅游学刊，2003（06）：66-70.

[63] 李经龙,张小林.旅游体验——旅游规划的新视角 [J].地理与地理科学 2005（6）：91–95.

[64] 郑耀星,周富广.体验导向型景区开发模式：一种新的旅游开发思路 [J].人文地理,2007,98（06）：16–20+89.

[65] 毕斗斗,谭华.体验经济背景下的体育旅游产品体验化设计 [J].体育学刊,2009,16（7）：46–49.

[66] 李晓琴.体验经济时代下旅游项目设计与实证研究 [J].人文地理,2007（03）：69–72.

[67] 余万斌.基于分析的体验式低碳体育旅游产品开发研究体验 [J].沈阳体育学院学报,2013,32（4）：51–57.

[68] 周洪松.体育旅游市场开发及其可持续发展研究 [M].长春：吉林大学出版社,2020.

[69] 王雅慧.新时代背景下我国体育旅游发展体系的构建 [M].北京：中国原子能出版社,2018.

[70] 衣文涛.基于 FMEA 的烟台市体育旅游项目风险管理研究 [D].山东大学,2018.

[71]Stamboulis Yeoryios, Skayannis Pantoleon.Innovation strategies and technology for experience–based tourism[J].Tourism Management,2002,24（1）：35–43.

[72]CHUBB M&CHUBB H R.One theirs of our time? An introduction to recreation behavior and resources[M]. New York：John Wiley &Sons,Inc.1981.

[73]Manning.Studies in Outdoor Recreation：Search and research for Satisfaction[M].Corvallis：Orgon State University Press,1999.

[74]BOTTERILL T D, CROMPTON J L.Two case studies exploring the nature of the tourist's experience[J].Journal of leisure Research,1996,28：1–8.